Rezando com Nossa Senhora

Coleção Vida Cristã

- *As doze grandes promessas do Sagrado Coração de Jesus* – Celina H. Weschenfelder
- *Rezando com Nossa Senhora* – Maria Belém, fsp
- *Terço dos homens: uma razão em nossa fé, para uma fé com mais razão* – André Luis Kawahala
- *Trinta dias com o Imaculado Coração de Maria* – José Carlos Ferreira da Silva
- *Trinta dias com o Sagrado Coração de Jesus* – José Carlos Ferreira da Silva
- *Um mês em oração pela família* – José Carlos Ferreira da Silva

MARIA BELÉM, FSP

Rezando com Nossa Senhora
As alegrias, as esperanças, as dores e as glórias

Paulinas

Dados Internacionais de Catalogação na Publicação (CIP)
(Câmara Brasileira do Livro, SP, Brasil)

Belém, Maria
  Rezando com Nossa Senhora : as alegrias, as esperanças, as
dores e as glórias / Maria Belém.– 10. ed. – São Paulo : Paulinas,
2011. – (Coleção vida cristã)

  ISBN 978-85-356-2879-1

  1. Livros de oração e devoção   2. Maria, Virgem, Santa
3. Meditação   I. Título.   II. Série.

11-09121   CDD-242.2

Índice para catálogo sistemático:
1. Meditações e orações para uso diário : Cristianismo   242.2

Citações: Bíblia Sagrada – Tradução da CNBB. 5ª ed., 2007.

Direção-geral: *Flávia Reginatto*
Editora responsável: *Vera Ivanise Bombonatto*
Copidesque: *Maria Goretti de Oliveira*
Coordenação de revisão: *Marina Mendonça*
Revisão: *Ana Cecilia Mari, Sandra Sinzato*
e Leonilda Menossi
Direção de arte: *Irma Cipriani*
Gerente de produção: *Felício Calegaro Neto*
Projeto gráfico de capa e miolo: *Telma Custódio*

10ª edição – 2011
10ª reimpressão – 2025

Nenhuma parte desta obra poderá ser reproduzida ou transmitida
por qualquer forma e/ou quaisquer meios (eletrônico ou mecânico,
incluindo fotocópia e gravação) ou arquivada em qualquer sistema ou
banco de dados sem permissão escrita da Editora. Direitos reservados.

Paulinas
Rua Dona Inácia Uchoa, 62
04110-020 – São Paulo – SP (Brasil)
Tel.: (11) 2125-3500
paulinas.com.br – editora@paulinas.com.br
Telemarketing e SAC: 0800-7010081
© Pia Sociedade Filhas de São Paulo – São Paulo, 2009

Apresentação

Rezando com Nossa Senhora quer ajudar o leitor a passar um mês em companhia da Virgem Santíssima, Mãe de Deus e nossa Mãe.

Todo(a) filho(a) sente-se feliz junto a sua mãe. Mesmo depois de adulto, longe do convívio materno, separado por alguma razão daquela que lhe deu a vida, basta um pensamento, uma palavra que lembre a sua presença para encher o coração de raras, saudosas e felizes emoções.

Quase todo(a) filho(a) aprendeu nos joelhos maternos a balbuciar alguma prece, a invocar o nome de Deus e certamente também o de Nossa Senhora.

Com este livro nas mãos, podemos nos imaginar junto de nossa mãe da terra e com ela unidos à Mãe do céu. Nele vamos contemplar e meditar:

- as alegrias de Maria;
- as esperanças de Maria;
- as dores de Maria;
- as glórias de Maria.

O livro percorre, a partir da Sagrada Escritura, especialmente dos Evangelhos, toda a vida de Maria, a escolhida do Pai para uma extraordinária missão, e que, plenificada pelo Espírito Santo, contribuiu para a Encarnação do Filho de Deus que fez morada entre nós, que viveu como um de nós e entregou-se pela nossa salvação.

O encontro diário com Maria, conforme o texto nos sugere, traz um modo simples de rezar.

1º Contemplação de um tema com forte enfoque bíblico.

2º Uma reflexão que esclarece o tema e o confronta com nossa vida, levando a um compromisso concreto.

3º Uma oração, em geral extraída dos Salmos, pois era assim que Maria rezava, ou uma invocação direta a ela.

4º Nosso ato de consagração à querida Mãe.

Fica à escolha de cada pessoa ou grupo acrescentar outras orações, como uma parte do Santo Rosário, o Ofício da Imaculada Conceição, a Ladainha de Nossa Senhora ou ainda um canto mariano conhecido pelos participantes da oração.

Neste livro, você vai encontrar algumas orações marianas, como o Santo Rosário, Anjo do Senhor e outras, além de cantos marianos para animar os encontros.

Este livro poderá ser também um subsídio para os encontros marianos ou para a oração nos dias em que a imagem de Nossa Senhora visita nossa casa.

Maria Santíssima, Mãe de Deus e Mãe de toda a Igreja, seja para nós a estrela que aponta Jesus e o caminho seguro que nos leva a ele.

Rainha da Paz, rogai por nós!

As alegrias

de Maria

1

Alegria de Maria ao ser consagrada para o serviço de Deus no Templo

Em nome do Pai, do Filho e do Espírito Santo. Amém.

Pela tradição, sabemos que a concepção e o nascimento de Maria foram fruto das incessantes orações de seus pais – Joaquim e Ana – que sofriam discriminação por não terem dado a Israel um descendente. Com efeito, o Senhor anunciou a Ana: *Conceberás e darás à luz e, em toda a terra, se falará de tua descendência.* Ao nascer uma menina, colocaram o nome de Maria e a consagraram totalmente ao Senhor. Quando Maria completou três anos, foi levada ao Templo para viver entre as jovens dedicadas ao serviço de Deus e aí permaneceu até os doze anos.

Reflexão

Apesar da pouca idade, Maria deve ter exultado e se alegrado em morar na Casa do Senhor. Desde cedo se sentia ligada ao Deus que faria parte íntima de sua vida. Certamente já estava sendo preparada para a missão altíssima que receberia do Pai. E seus pais, especialmente a mãe, Ana, acompanhavam de perto os progressos da filha no aprendizado e na vivência das Sagradas Escrituras. Como é bom e importante desde cedo receber uma formação religiosa, considerar a Deus como o Pai que nos criou e continua nos amando! Como é bom que os pais transmitam aos filhos uma fé viva e os princípios cristãos!

Oração

Meu coração exulta no Senhor,
graças ao Senhor se levanta minha força.
Minha boca desafia meus adversários,
porque me alegro em tua salvação.
Ninguém é santo como o Senhor,
outro além de ti não há,
não há rocha firme como o nosso Deus.
O Senhor levanta do pó o necessitado
e do monturo ergue o indigente:
dá-lhe assento entre os príncipes,
destina-lhe um trono de glória.
Pois do Senhor são as colunas da terra,
e sobre elas apoiou o mundo.
Ele vela sobre os passos dos seus santos, [...]
pois ninguém triunfa pela própria força.
(1Sm 2,1-2.8-9)

Consagração a Nossa Senhora

Ó Senhora minha, ó minha Mãe, eu me ofereço todo(a) a vós e, em prova da minha devoção para convosco, vos consagro neste dia os meus olhos, os meus ouvidos, a minha boca, o meu coração e inteiramente todo o meu ser. E porque assim sou vosso(a), ó incomparável Mãe, guardai-me e defendei-me como filho(a) e propriedade vossa. Amém.

Pai-Nosso, Ave-Maria, Glória-ao-Pai...

2

Anunciação do Anjo a Maria

Em nome do Pai, do Filho e do Espírito Santo. Amém.

"Alegra-te, cheia de graça! O Senhor está contigo. [...] Não tenhas medo, Maria! Encontraste graça junto a Deus. Conceberás e darás à luz um filho, e lhe porás o nome de Jesus". [...] Maria, então, perguntou: "Como acontecerá isso, se eu não conheço homem?". O anjo respondeu: "O Espírito Santo descerá sobre ti, e o poder do Altíssimo te cobrirá com a sua sombra. Por isso, aquele que vai nascer será chamado santo, Filho de Deus!" [...] Maria disse: "Eis aqui a serva do Senhor! Faça-se em mim segundo a tua palavra" (Lc 1,28-38).

O Evangelho narra com clareza o envio do anjo a Maria para lhe transmitir a grande e singular missão que Deus lhe confiara. Mostra ainda o respeito de Deus pela nossa liberdade ao pedir à Virgem Santa o seu consentimento.

Reflexão

Entre tantas jovens, Deus escolhe Maria, a mais fiel e humilde das mulheres que, ao considerar-se a serva do Senhor, coloca-se à disposição da vontade divina. E por meio de Maria, pela sua humildade e disponibilidade, o Filho de Deus torna-se um de nós. Vem morar entre nós e nos libertar da escravidão do pecado. A grande lição de Maria na Anunciação é sua incondicional confiança em Deus. Ela nos convida a reconhecer Deus como o Senhor de nossa história, o timoneiro de nossa vida. Convida-nos a deixar que o Senhor nos conduza e a não colocar empecilhos nos seus caminhos com a nossa autossuficiência e egoísmo.

Oração

A Nossa Senhora da Anunciação.

Todas as gerações vos proclamem bem-aventurada, ó Maria! Crestes na mensagem celeste, e em vós se cumpriram grandes coisas, como vos fora anunciado.

Maria, eu vos louvo! Crestes na encarnação do Filho de Deus no vosso seio virginal e vos tornastes Mãe de Deus. Raiou então o dia mais feliz da história da humanidade! Veio morar entre nós o Mestre Divino, o Sacerdote único e eterno, a Vítima de reparação, o Rei universal!

A fé é dom de Deus e fonte de todo bem.

Maria, alcançai-me a graça de uma fé viva, forte e atuante; uma fé que salva e santifica! Fé no Evangelho, na Igreja e na vida eterna.

Amém.

(Tiago Alberione)

Consagração a Nossa Senhora

Ó Senhora minha, ó minha Mãe, eu me ofereço todo(a) a vós e, em prova da minha devoção para convosco, vos consagro neste dia os meus olhos, os meus ouvidos, a minha boca, o meu coração e inteiramente todo o meu ser. E porque assim sou vosso(a), ó incomparável Mãe, guardai-me e defendei-me como filho(a) e propriedade vossa. Amém.

Pai-Nosso, Ave-Maria, Glória-ao-Pai...

3

Encontro de Maria com sua prima Isabel

Em nome do Pai, do Filho e do Espírito Santo. Amém.

Naqueles dias, Maria partiu apressadamente para a região montanhosa, dirigindo-se a uma cidade de Judá. Ela entrou na casa de Zacarias e saudou Isabel [...] e Isabel ficou repleta do Espírito Santo. Com voz forte, ela exclamou: "Bendita és tu entre as mulheres e bendito é o fruto do teu ventre! Como mereço que a mãe do meu Senhor venha me visitar? Logo que a tua saudação ressoou nos meus ouvidos, o menino pulou de alegria no meu ventre. Feliz aquela que acreditou, pois o que lhe foi dito da parte do Senhor será cumprido!" (Lc 1,39-45).

Reflexão

Na visita de Maria a Isabel, vemos como as mulheres grávidas são tratadas pelas pessoas: de um lado, respeito e admiração, mas de outro, apreensão diante do mistério da vida que nelas se desenvolve. No caso de Isabel, Deus emudeceu o sacerdote Zacarias e restituiu o poder de gerar à mulher estéril. Maria, por sua vez, na companhia afetuosa de Isabel, pôde sentir-se finalmente livre para expressar a intensidade de suas emoções, e juntas louvarem com alegria o Deus que nelas operara maravilhas. Eram felizes porque tinham acreditado na promessa divina. Dos lábios de Maria, brota, então, o canto do *Magnificat,* um hino que nasce de sua fé, um hino jubiloso, mas ao mesmo tempo revolucionário! E nós também seremos abençoados se tivermos coragem de acreditar.

Oração

A minha alma engrandece o Senhor,
e meu espírito se alegra em Deus, meu Salvador,
porque ele olhou para a humildade de sua serva.
Todas as gerações, de agora em diante, me chamarão feliz,
porque o Todo-Poderoso fez para mim coisas grandiosas.
O seu nome é Santo,
e sua misericórdia se estende de geração em geração
sobre aqueles que o temem.
Ele mostrou a força de seu braço:
dispersou os que têm planos orgulhosos no coração.
Derrubou os poderosos de seus tronos
e exaltou os humildes.
Encheu de bens os famintos,
e mandou embora os ricos de mãos vazias.
Acolheu Israel, seu servo,
lembrando-se de sua misericórdia,
conforme prometera a nossos pais,
em favor de Abraão e de sua descendência para sempre.
(Lc 1,47-55)

Consagração a Nossa Senhora

Ó Senhora minha, ó minha Mãe, eu me ofereço todo(a) a vós e, em prova da minha devoção para convosco, vos consagro neste dia os meus olhos, os meus ouvidos, a minha boca, o meu coração e inteiramente todo o meu ser. E porque assim sou vosso(a), ó incomparável Mãe, guardai-me e defendei-me como filho(a) e propriedade vossa. Amém.

Pai-Nosso, Ave-Maria, Glória-ao-Pai...

4

Alegria por São José ter assumido a paternidade adotiva de Jesus

Em nome do Pai, do Filho e do Espírito Santo. Amém.

Maria estava prometida em casamento a José e, antes de passarem a conviver, ela encontrou-se grávida pela ação do Espírito Santo. José, seu esposo, sendo justo e não querendo denunciá-la publicamente, pensou em despedi-la secretamente. Mas, […] apareceu-lhe em sonho um anjo do Senhor, que lhe disse: "José, Filho de Davi, não tenhas receio de receber Maria, tua esposa; o que nela foi gerado vem do Espírito Santo. Ela dará à luz um filho, e tu lhe porás o nome de Jesus, pois ele vai salvar o seu povo dos seus pecados". [...] José fez conforme o Anjo do Senhor tinha mandado e acolheu sua esposa (Mt 1,18-21.24).

Reflexão

Deus pediu a José algo que era extremamente difícil para os homens moldados pelos valores do patriarcado. Pediu-lhe que rompesse com as leis antigas e acolhesse a lei do Novo Testamento. Depois de Maria, ele foi o primeiro a crer no Filho de Deus e viver o seu Evangelho. Ele era um homem "justo" e sua justiça se transformou na justiça do Deus de Jesus que exalta os humildes, ampara os pobres e salva os pecadores. E Maria Santíssima, a mais humilde das criaturas, exultou de alegria ao ver que o Todo-Poderoso operava maravilhas em sua serva que havia acreditado em suas promessas. Como é a nossa fé em Deus diante das dificuldades da vida? Confiança absoluta? Ou desespero?

Oração

Bendirei o Senhor em todo tempo,
seu louvor estará sempre na minha boca.
Eu me glorio no Senhor,
ouçam os humildes e se alegrem!
Celebrai comigo o Senhor,
exaltemos juntos o seu nome!
Busquei o Senhor e ele respondeu-me
e de todo temor me livrou.
Olhai para ele e ficareis radiantes,
vossas faces não ficarão envergonhadas!
Este pobre pediu socorro e o Senhor o ouviu,
livrou-o de suas angústias todas.
O anjo do Senhor se acampa
em volta dos que o temem e os salva.
Provai e vede como é bom o Senhor;
feliz o homem que nele se abriga.
(Sl 34,2-9)

Consagração a Nossa Senhora

Ó Senhora minha, ó minha Mãe, eu me ofereço todo(a) a vós e, em prova da minha devoção para convosco, vos consagro neste dia os meus olhos, os meus ouvidos, a minha boca, o meu coração e inteiramente todo o meu ser. E porque assim sou vosso(a), ó incomparável Mãe, guardai-me e defendei-me como filho(a) e propriedade vossa. Amém.

Pai-Nosso, Ave-Maria, Glória-ao-Pai...

Nascimento de Jesus

Em nome do Pai, do Filho e do Espírito Santo. Amém.

Quando estavam em Belém, chegou o tempo do parto. Ela deu à luz o seu filho primogênito, envolveu-o em faixas e deitou-o numa manjedoura, porque não havia lugar para eles na hospedaria. Havia naquela região pastores que passavam a noite nos campos, tomando conta do rebanho. Um anjo do Senhor lhes apareceu, e disse: "Eu vos anuncio uma grande alegria, que será também a de todo o povo: hoje, na cidade de Davi, nasceu para vós o Salvador, que é o Cristo Senhor! E isto vos servirá de sinal: encontrareis um recém-nascido, envolto em faixas e deitado numa manjedoura". De repente, juntou-se ao anjo uma multidão do exército celeste cantando a Deus: "Glória a Deus no mais alto dos céus, e na terra, paz aos que são do seu agrado!" (Lc 2,6-14).

Reflexão

O nascimento de Jesus foi um acontecimento que trouxe esperança em plena pobreza e desamparo. Jesus nasceu na periferia da vida, não no centro. Maria e José, num estábulo, foram testemunhas do maior acontecimento da história da humanidade: Deus fazendo-se um de nós. Maria sentiu-se sozinha. Não havia pessoas para dar as boas-vindas ao seu filho. Só mais tarde ocorreu o canto dos anjos e a visita dos pastores e dos magos. Hoje o nascimento de Jesus acontece em nossa vida quando estamos vigilantes e vivemos na simplicidade, como os pastores, ou, então, quando saímos de nosso comodismo e viajamos ao sinal da estrela que nos aponta Deus na pessoa de nosso irmão necessitado.

Oração

Maria, Mãe de Jesus, com os pastores nós vamos ao presépio de vosso filho para dar-lhe as boas-vindas e agradecer o dom de seu nascimento entre nós.

Concedei-nos ser também anunciadores da presença e da mensagem de paz, de alegria e de vida que Jesus trouxe para toda a humanidade!

Pedimos também ao querido Menino Jesus:

Abençoe as famílias que procuram viver na harmonia e no amor!

Abençoe as mães e pais que buscam dar a seus filhos uma educação sadia e cristã.

Abençoe os filhos para que trilhem sempre o caminho do bem e da honestidade.

Abençoe a todos nós livrando-nos dos perigos das doenças e dos vícios, da violência e das discórdias.

Querido Menino Jesus, olhe para nossas necessidades e conceda-nos as graças de que mais precisamos. Amém.

Consagração a Nossa Senhora

Ó Senhora minha, ó minha Mãe, eu me ofereço todo(a) a vós e, em prova da minha devoção para convosco, vos consagro neste dia os meus olhos, os meus ouvidos, a minha boca, o meu coração e inteiramente todo o meu ser. E porque assim sou vosso(a), ó incomparável Mãe, guardai-me e defendei-me como filho(a) e propriedade vossa. Amém.

Pai-Nosso, Ave-Maria, Glória-ao-Pai...

6

Convivência por 30 anos com o Filho de Deus e seu filho

Em nome do Pai, do Filho e do Espírito Santo. Amém.

Jesus desceu, então, com seus pais para Nazaré e era obediente a eles. Sua mãe guardava todas estas coisas no coração. E Jesus ia crescendo em sabedoria, tamanho e graça diante de Deus e dos homens (Lc 2,51-52).

Nazaré foi a cidade em que Jesus viveu seus anos de adolescência e juventude. Os Evangelhos nada falam a respeito. Mas, certamente, sua vida foi modesta e pobre como toda família de artesãos, no contexto de sua cultura e época. Durante aqueles anos, os detalhes do cotidiano da vida em família foram santificados pelo relacionamento de Maria, José e Jesus.

Reflexão

Maria era aberta ao novo e ao diferente. Não se apegava aos velhos modos de vida. Mas, fora de casa, em Belém ou fugindo para o Egito, deve ter desejado uma vida mais calma e a segurança de um lar. Isso ela encontrou em Nazaré e para lá levou suas experiências, enraizadas profundamente na fé, de peregrina e exilada. Estava, pois, preparada para ensinar a Jesus as lições de vida que tivera nas lutas e sofrimentos fora de casa. Quantos momentos de alegria ela deve ter vivido, em Nazaré, sob o mesmo teto de seu filho, que ela sabia ser também o Filho de Deus! Na intimidade do lar, Maria formava Jesus, do mesmo modo que já o havia formado na intimidade de seu corpo. Como é o nosso lar? Lugar de paz e de aconchego?

Oração

Senhor, abençoa nossas famílias!

Abençoa essa fonte geradora de cidadãos conscientes e livres.

Abençoa os lares, para que em todos eles reinem a compreensão e a harmonia.

Abençoa os pais, para que sejam amor, força e sustento para todos.

Abençoa as mães, para que sejam luz, vida e ternura.

Abençoa os filhos, a fim de que possam crescer honestos e responsáveis.

Abençoa, Senhor, as famílias em crise, para que apostem no diálogo e na união.

Abençoa, Senhor, nosso Pai, todos nós, para que sejamos irmãos, sem distinção de raça, cor, religião e costumes.

Enfim, que a Sagrada Família, Jesus, Maria e José, seja nossa companheira de caminhada nesta terra, para que um dia nos encontremos, todos juntos, na casa que tu nos preparaste. Amém.

Consagração a Nossa Senhora

Ó Senhora minha, ó minha Mãe, eu me ofereço todo(a) a vós e, em prova da minha devoção para convosco, vos consagro neste dia os meus olhos, os meus ouvidos, a minha boca, o meu coração e inteiramente todo o meu ser. E porque assim sou vosso(a), ó incomparável Mãe, guardai-me e defendei-me como filho(a) e propriedade vossa. Amém.

Pai-Nosso, Ave-Maria, Glória-ao-Pai...

7

Alegria em receber de Jesus, no Calvário, São João como filho

Em nome do Pai, do Filho e do Espírito Santo. Amém.

Jesus, ao ver sua mãe e, ao lado dela, o discípulo que ele amava, disse à mãe: "Mulher, eis o teu filho!". Depois disse ao discípulo: "Eis a tua mãe!". A partir daquela hora, o discípulo a acolheu no que era seu (Jo 19,26-27).

Jesus, com ternura filial, não esquece sua mãe, deixa-a sob os cuidados do discípulo amado. Maria é acolhida pelo apóstolo João e entra para uma nova família, a Igreja nascente. Jesus tem diante de si todos os seus seguidores, presentes e futuros, e os entrega a sua Mãe que assume uma maternidade maior. Em meio à violência e à cruz, nasce um reino maternal de bondade e paz. Maria torna-se a mãe dos pobres, dos pecadores, dos exilados, dos excluídos, de toda a humanidade.

Reflexão

Maria não é apenas uma figura maternal em relação à pessoa que crê em seu Filho. Ela é a Mãe da Igreja, a amplidão de sua maternidade não tem limites. Sua vida e ação abrangem toda a comunidade humana. Desde a Anunciação, ela coopera com a Palavra de Deus, tornando possível a transformação da história do mundo pela sua resposta positiva à iniciativa de Deus. E agora, após a morte de Jesus, sua missão continua e se intensifica. Como Maria, temos que reconhecer os nossos deveres não só pessoais e familiares, mas também comunitários e sociais.

Oração

À Rainha dos Apóstolos.

Jesus misericordioso, eu vos agradeço porque me destes Maria, como Mãe.

Maria, eu vos agradeço, porque destes, à humanidade, Jesus, o Mestre Divino, Caminho, Verdade e Vida! Agradeço-vos, porque no calvário nos aceitastes como filhos(as). Vossa missão está unida à de Jesus, que "veio procurar e salvar o que estava perdido". Oprimido pelos meus pecados, refugio-me em vós, ó minha Mãe, minha esperança! Assisti-me com misericórdia, como a um filho doente! Quero receber vossos cuidados maternais! Tudo espero de vós: perdão, conversão, santidade. Entre os vossos filhos, coloco-me numa categoria particular: a dos mais necessitados, nos quais abundou o pecado onde havia transbordado a graça. Estes vos inspiram cuidado especial. Acolhei-me entre eles. Fazei o grande milagre, transformando um pecador em missionário! Será um grande prodígio e uma glória para vosso Filho e para vós, minha Mãe! Tudo espero de vosso coração, ó Mãe, Mestra e Rainha dos Apóstolos! Amém.

Consagração a Nossa Senhora

Ó Senhora minha, ó minha Mãe, eu me ofereço todo(a) a vós e, em prova da minha devoção para convosco, vos consagro neste dia os meus olhos, os meus ouvidos, a minha boca, o meu coração e inteiramente todo o meu ser. E porque assim sou vosso(a), ó incomparável Mãe, guardai-me e defendei-me como filho(a) e propriedade vossa. Amém.

Pai-Nosso, Ave-Maria, Glória-ao-Pai...

8

Alegria pela ressurreição de Jesus

Em nome do Pai, do Filho e do Espírito Santo. Amém.

O anjo falou às mulheres: "Vós não precisais ter medo! Sei que procurais Jesus, que foi crucificado. Ele não está aqui! Ressuscitou, como havia dito! Vinde ver o lugar em que ele estava. Ide depressa contar aos discípulos: Ele ressuscitou dos mortos e vai à vossa frente para a Galileia. Lá o vereis" (Mt 28,5-7).

Maria, a Mãe de Jesus, não foi ao sepulcro. Em seu coração, naquela hora de trevas, brilhava uma luz. A lâmpada da fé permanecia viva e acesa. Os santos acreditam que, ao alvorecer do terceiro dia, Maria foi a primeira a receber a visita do Filho Ressuscitado. Podemos imaginar a alegria e a emoção daquele momento! E quando, mais tarde, chegaram-lhe as notícias do túmulo vazio e das aparições, Maria se comprazia e procurava fortalecer a fé dos discípulos e seguidores de Jesus.

Reflexão

A ressurreição de Jesus renova todas as coisas. Lemos no Livro do Apocalipse: *Ele enxugará toda lágrima dos seus olhos. A morte, o luto, a dor não existirão mais* (cf. Ap 21,4). Maria participa intensamente das alegrias da ressurreição de seu Filho. Com os onze apóstolos, com os discípulos e com as mulheres que acompanharam Jesus, ela vive a comunhão da fé que faz ver nos acontecimentos a realização das palavras de Jesus que *três dias depois ressuscitará* (Mc 9,31). A ressurreição de Jesus é base de nossa fé, pois, diz São Paulo: *Se Cristo não ressuscitou, a nossa pregação é sem fundamento, e sem fundamento também é a vossa fé* (1Cor 15,14). Faz-nos viver ainda na esperança de que um dia ressuscitaremos para a comunhão e gozo eterno com o Pai, o Filho e o Espírito Santo.

Oração

Senhor, tua bondade chega até o céu,
tua fidelidade até as nuvens;
tua justiça é como os montes mais altos,
teus juízos como o grande abismo:
tu salvas homens e animais, Senhor.
Como é preciosa a tua graça, ó Deus!
Os homens se refugiam à sombra das tuas asas.
Saciam-se da abundância da tua casa,
da torrente das tuas delícias lhes dás de beber.
Pois em ti está a fonte da vida e à tua luz vemos a luz.
Concede sempre a tua graça a quem te conhece,
e a tua justiça aos retos de coração.
(Sl 36,6-11)

Consagração a Nossa Senhora

Ó Senhora minha, ó minha Mãe, eu me ofereço todo(a) a vós e, em prova da minha devoção para convosco, vos consagro neste dia os meus olhos, os meus ouvidos, a minha boca, o meu coração e inteiramente todo o meu ser. E porque assim sou vosso(a), ó incomparável Mãe, guardai-me e defendei-me como filho(a) e propriedade vossa. Amém.

Pai-Nosso, Ave-Maria, Glória-ao-Pai...

As esperanças

de Maria

9

Jesus é batizado por João Batista, que o apresenta como o Messias enviado

Em nome do Pai, do Filho e do Espírito Santo. Amém.

Jesus veio, então, [...] para ser batizado por João. Mas João queria impedi-lo, dizendo: "Eu é que preciso ser batizado por ti, e tu vens a mim?". Jesus, porém, respondeu-lhe: "Por ora, deixa, é assim que devemos cumprir toda a justiça!". [...] Depois de ser batizado, Jesus saiu logo da água, e o céu se abriu. E ele viu o Espírito de Deus descer, como uma pomba, e vir sobre ele. E do céu veio uma voz que dizia: "Este é o meu Filho amado; nele está o meu agrado" (Mt 3,13-17).

O coração de Maria encheu-se de esperança, pois, mais uma vez sentia a presença plena de Deus Pai, Filho e Espírito Santo unidos no mesmo projeto de Salvação.

Reflexão

Jesus foi ao encontro de seu primo João Batista que, por chamado especial de Deus, tornou-se o precursor do Messias prometido. Ele pregava o Batismo da conversão e da penitência e era a *voz de quem clama no deserto: Preparai os caminhos do Senhor... Sua veste era feita de pelos de camelo, e usava um cinto de couro à cintura; o seu alimento era gafanhotos e mel silvestre* (Mt 3,3-4). Jesus quis iniciar sua missão pública com o Batismo para mostrar a importância deste sacramento para a vida cristã do discípulo e do missionário. Lembramos algumas vezes o dia de nosso Batismo? Agradecemos a Deus o dom de sermos seus filhos? Renovemos nossas promessas do Batismo.

Oração

Trindade Santíssima, Pai, Filho e Espírito Santo, presente e atuante na Igreja e na profundidade do meu ser. Eu vos adoro, amo e agradeço. E pelas mãos de Maria, minha Mãe Santíssima, ofereço-me, entrego-me e consagro-me inteiramente a vós, nesta vida e na eternidade.

Pai Celeste, a vós me ofereço, entrego e consagro como filho(a).

Jesus Mestre, a vós me ofereço, entrego e consagro, como irmão e discípulo.

Espírito Santo, a vós me ofereço, entrego e consagro como templo vivo para ser santificado.

Maria, Mãe da Igreja e minha Mãe, vós que estais em íntima união com a Santíssima Trindade, ensinai-me a viver em comunhão com as três Pessoas Divinas, a fim de que a minha vida inteira seja um hino de glória ao Pai, ao Filho e ao Espírito Santo. Amém.

Consagração a Nossa Senhora

Ó Senhora minha, ó minha Mãe, eu me ofereço todo(a) a vós e, em prova da minha devoção para convosco, vos consagro neste dia os meus olhos, os meus ouvidos, a minha boca, o meu coração e inteiramente todo o meu ser. E porque assim sou vosso(a), ó incomparável Mãe, guardai-me e defendei-me como filho(a) e propriedade vossa. Amém.

Pai-Nosso, Ave-Maria, Glória-ao-Pai...

10

Jesus inicia sua vida pública

Em nome do Pai, do Filho e do Espírito Santo. Amém.

Completou-se o tempo, e o Reino de Deus está próximo. Convertei-vos e crede na Boa-Nova (Mc 1,15). Este foi o dia da consagração de Jesus em vista de sua missão pública. João Batista proclamava sua missão: *Eis o Cordeiro de Deus!* (Jo 1,36). *Depois de mim vem aquele que é mais forte do que eu. Eu nem sou digno de, abaixando-me, desatar a correia de suas sandálias. Eu vos batizei com água. Ele vos batizará com o Espírito Santo* (Mc 1,7-8). Maria viu seu Filho sair de casa e ingressar nos caminhos do mundo, a fim de levar a todos o projeto de Salvação que o Pai lhe confiara.

Reflexão

Maria, que até então exercia os direitos de mãe, percebeu que chegara o momento de passar a ser discípula do Filho, colaborando com ele na instauração do Reino de Deus no seio da humanidade. A esperança de um Reino de paz, de bondade e de misericórdia encheu seu coração. O Reino de Deus está próximo... Jesus veio lançar a semente do verdadeiro Reino. O discípulo autêntico de Jesus rega esta semente com a água de sua fé, protege-a com a firmeza de sua esperança e a faz crescer com o ardor de sua caridade. Somos também nós missionários do Reino de Jesus?

Oração

Do Senhor é a terra com o que ela contém,
o universo e os que nele habitam.
Pois foi ele que a estabeleceu sobre os mares
e firmou-a sobre os rios.
Quem vai subir o monte do Senhor,
quem vai ficar no seu santuário?
Quem tem mãos inocentes e coração puro, quem não corre
atrás de vaidades, quem não jura para enganar seu próximo.
Este alcançará do Senhor a bênção,
e a justiça de Deus seu salvador.
É esta a gente que o procura,
que procura a face do Deus de Jacó.
Levantai, ó portas, os vossos frontões,
erguei-vos, portas antigas, para que entre o rei da glória.
Quem é este rei da glória?
É o Senhor forte e poderoso, o Senhor poderoso no combate.
Levantai, ó portas, os vossos frontões, erguei-vos,
portas antigas, para que entre o rei da glória.
Quem é este rei da glória?
O Senhor dos exércitos – é ele o rei da glória.
(Sl 24)

Consagração a Nossa Senhora

Ó Senhora minha, ó minha Mãe, eu me ofereço todo(a) a vós e, em prova da minha devoção para convosco, vos consagro neste dia os meus olhos, os meus ouvidos, a minha boca, o meu coração e inteiramente todo o meu ser. E porque assim sou vosso(a), ó incomparável Mãe, guardai-me e defendei-me como filho(a) e propriedade vossa. Amém.

Pai-Nosso, Ave-Maria, Glória-ao-Pai...

11

Nas bodas de Caná,
o pedido de Maria é atendido

Em nome do Pai, do Filho e do Espírito Santo. Amém.

Houve um casamento em Caná da Galileia, e a mãe de Jesus estava lá. Também Jesus e seus discípulos foram convidados para o casamento. Faltando o vinho, a mãe de Jesus lhe disse: "Eles não têm vinho!". Jesus lhe respondeu: "Mulher, para que me dizes isso? A minha hora ainda não chegou". Sua mãe disse aos que estavam servindo: "Fazei tudo o que ele vos disser!" (Jo 2,1-12).

A fé de Maria torna possível o milagre. Sua fé gera e dá à luz a fé nos discípulos, primeira comunidade messiânica. *Manifestou sua glória, e os seus discípulos creram nele.*

Reflexão

Maria aceitou o desafio e assumiu sua missão de mediadora e colaboradora como aquela que fala ao mundo e pede obediência ao seu Filho. Foi Maria que trouxe Jesus à humanidade, foi ela que criou as circunstâncias de sua autorrevelação, no casamento de Caná. Foi Maria que formou e sustentou a primeira comunidade cristã, a Igreja nascente. Aprendamos de Nossa Senhora a fé e a obediência a Jesus. Como na Anunciação, em que ela afirmou: *Faça-se em mim segundo a tua palavra,* todo dia ela repete para nós, seus filhos(as): *Fazei tudo o que ele vos disser.*

Oração

Mostra-me, Senhor, os teus caminhos,
ensina-me tuas veredas.
Faz-me caminhar na tua verdade e instrui-me,
porque és o Deus que me salva, e em ti sempre esperei.
Lembra-te, Senhor, do teu amor e
da tua fidelidade desde sempre.
Não recordes os pecados de minha juventude,
e as minhas transgressões; lembra-te de mim
na tua misericórdia, pela tua bondade, Senhor.
Bom e reto é o Senhor, por isso indica aos pecadores
o caminho certo; guia os humildes na sua justiça,
aos pobres ensina seus caminhos.
Todas as veredas do Senhor são amor e verdade
para quem observa sua aliança e seus preceitos.
Por teu amor, Senhor, perdoa meu pecado, por maior que seja.
Qual é o homem que teme ao Senhor?
Indica-lhe o caminho a seguir.
Ele viverá feliz, sua descendência possuirá a terra.
O Senhor se faz íntimo de quem o teme,
dá-lhe a conhecer sua aliança.
(Sl 25,4-14)

Consagração a Nossa Senhora

Ó Senhora minha, ó minha Mãe, eu me ofereço todo(a) a vós e, em prova da minha devoção para convosco, vos consagro neste dia os meus olhos, os meus ouvidos, a minha boca, o meu coração e inteiramente todo o meu ser. E porque assim sou vosso(a), ó incomparável Mãe, guardai-me e defendei-me como filho(a) e propriedade vossa. Amém.

Pai-Nosso, Ave-Maria, Glória-ao-Pai...

12

As bem-aventuranças promulgadas por Jesus

Em nome do Pai, do Filho e do Espírito Santo. Amém.

Vendo as multidões, Jesus subiu à montanha e sentou-se. Os discípulos aproximaram-se, e ele começou a ensinar: "Felizes os pobres no espírito, porque deles é o Reino dos Céus" (Mt 5,1-3).

Maria seguia Jesus na fé e no amor e com a esperança na realização da Promessa. Como ela deve ter vibrado com estas declarações de Jesus sobre a verdadeira felicidade! Ela via nelas a realização do Reino de Deus, que é dos pobres, fracos, pequenos, pacíficos, puros e corajosos em seguir a Jesus.

Reflexão

A felicidade dos pobres significa a profunda transformação que Jesus trouxe à terra. Ele trouxe uma verdadeira inversão de valores. Enquanto o mundo proclama felizes os ricos, os fortes, os grandes, os corruptos, os que sabem gozar a vida, Jesus anuncia que bem-aventurados e felizes são os pobres, os mansos, os que choram, os puros de coração, os misericordiosos, os que respeitam e buscam os direitos do próximo e os que sabem sofrer pela justiça e paz. Para estes últimos o Reino de Deus está aberto, eles são os destinatários privilegiados da graça de Deus. E nós, de que lado estamos?

Oração

Felizes os pobres no espírito,
porque deles é o Reino dos Céus.
Felizes os que choram, porque serão consolados.
Felizes os mansos, porque receberão a terra em herança.
Felizes os que têm fome e sede de justiça,
porque serão saciados.
Felizes os misericordiosos, porque alcançarão misericórdia.
Felizes os puros no coração, porque verão a Deus.
Felizes os que promovem a paz,
porque serão chamados filhos de Deus.
Felizes os perseguidos por causa da justiça,
porque deles é o Reino dos Céus.
Felizes sois vós, quando vos injuriarem e perseguirem e,
mentindo, disserem todo mal contra vós por causa de mim.
Alegrai-vos e exultai, porque é grande
a vossa recompensa nos céus.
(Mt 5,1-12)

Consagração a Nossa Senhora

Ó Senhora minha, ó minha Mãe, eu me ofereço todo(a) a vós e, em prova da minha devoção para convosco, vos consagro neste dia os meus olhos, os meus ouvidos, a minha boca, o meu coração e inteiramente todo o meu ser. E porque assim sou vosso(a), ó incomparável Mãe, guardai-me e defendei-me como filho(a) e propriedade vossa. Amém.

Pai-Nosso, Ave-Maria, Glória-ao-Pai...

13

Ser reconhecida por Jesus como a pessoa que melhor acolhe a Palavra de Deus e a põe em prática

Em nome do Pai, do Filho e do Espírito Santo. Amém.

Nisso chegaram a mãe e os irmãos de Jesus. Ficaram do lado de fora e mandaram chamá-lo. Ao seu redor estava sentada muita gente. Disseram-lhe: "Tua mãe e teus irmãos e irmãs estão lá fora e te procuram". Ele respondeu: "Quem é minha mãe? Quem são meus irmãos?" E passando o olhar sobre os que estavam sentados ao seu redor, disse: "Eis minha mãe e meus irmãos! Quem faz a vontade de Deus, esse é meu irmão, minha irmã e minha mãe".

Noutra ocasião: *Enquanto Jesus assim falava, uma mulher levantou a voz no meio da multidão e lhe disse: "Feliz o ventre que te trouxe e os seios que te amamentaram". Ele respondeu: "Felizes, sobretudo, são os que ouvem a Palavra de Deus e a põem em prática"* (Mc 3,31-35; Lc 11,27-28).

Reflexão

As palavras do Evangelho acima são bem claras. Maria é bem-aventurada, não apenas por ser a Mãe de Jesus, mas muito mais pela sua fé, pela coragem de acompanhar seu Filho em seu ministério público, como verdadeira discípula que ouve com atenção a Palavra do Mestre e a põe em prática. Tornou-se exemplo e inspiração da autêntica seguidora de Jesus, inserida na comunidade que então nascia sob seus cuidados e orientação. Tornou-se a Mãe da Igreja nascente. A declaração de Jesus confere direitos iguais ao homem e à mulher; mãe, irmãos e irmãs serão abençoados se praticarem a Palavra de Deus.

Oração

Felizes os que procedem com retidão,
os que caminham na lei do Senhor.
Felizes os que guardam seus testemunhos
e o procuram de todo o coração.
Não cometem iniquidade, andam por seus caminhos.
Promulgaste teus preceitos para serem observados fielmente.
Sejam seguros meus caminhos
para eu guardar os teus estatutos.
Então não terei de envergonhar-me
se tiver obedecido a teus preceitos.
Vou te louvar com um coração sincero
quando aprender tuas justas normas.
Quero observar teus estatutos; não me abandones jamais.
Como é que pode um jovem levar uma vida pura?
Guardando tua palavra!
De todo o coração te procuro:
não me deixes desviar dos teus preceitos.
Conservo no coração tuas promessas
para não te ofender com o pecado.
Bendito és tu, Senhor; ensina-me teus estatutos!
(Sl 119,1-12)

Consagração a Nossa Senhora

Ó Senhora minha, ó minha Mãe, eu me ofereço todo(a) a vós e, em prova da minha devoção para convosco, vos consagro neste dia os meus olhos, os meus ouvidos, a minha boca, o meu coração e inteiramente todo o meu ser. E porque assim sou vosso(a), ó incomparável Mãe, guardai-me e defendei-me como filho(a) e propriedade vossa. Amém.

Pai-Nosso, Ave-Maria, Glória-ao-Pai...

14

Instituição da Eucaristia

Em nome do Pai, do Filho e do Espírito Santo. Amém.

Jesus tomou o pão, pronunciou a bênção, partiu-o e lhes deu, dizendo: "Tomai, isto é o meu corpo" [...]. *"Este é o meu sangue da nova Aliança, que é derramado por muitos"* (Mc 14,22-24). A Última Ceia, em termos de acontecimentos e mensagens, é um dos episódios mais densos e importantes da vida de Jesus. Ele desejou ardentemente fazer esta Ceia, pois seria a última Páscoa que celebraria com seus discípulos e amigos antes de sua morte na cruz. Nela, ele manifestou todo o seu amor e ternura para com a humanidade, representada pelos seus seguidores. Foi a hora da despedida, a hora em que Cristo fez seu testamento de amor: entregando a si mesmo como comida e bebida para todos os que peregrinam por este mundo. Maria, como a Mãe, certamente presenciou este momento de graça e de esperança.

Reflexão

A Eucaristia foi a maneira original e divina que Jesus encontrou de permanecer entre nós, mesmo depois de ter voltado ao seio do Pai. A celebração da Eucaristia ou Missa faz memória da Paixão, Morte e Ressurreição de Jesus, a partir da Última Ceia. A comunhão, ao lado do ofertório e da consagração do pão e do vinho, são as principais partes deste culto católico. Nele se realiza, para nós hoje, a Ceia Pascal, em que o Cristo Vivo e Pão repartido se dá em alimento a nós, fortalecendo-nos para a longa e árdua jornada da vida terrena.

Oração

Com Maria Santíssima, Sacrário Vivo do Filho de Deus, rezemos:

Tão sublime Sacramento, adoremos neste altar,
pois o Antigo Testamento deu ao Novo seu lugar.
Venha a fé por suplemento os sentidos completar.
Ao Eterno Pai cantemos e a Jesus, o Salvador,
ao Espírito exaltemos, na Trindade eterno amor.
Ao Deus Uno e Trino, demos a alegria do louvor.
Amém.

Consagração a Nossa Senhora

Ó Senhora minha, ó minha Mãe, eu me ofereço todo(a) a vós e, em prova da minha devoção para convosco, vos consagro neste dia os meus olhos, os meus ouvidos, a minha boca, o meu coração e inteiramente todo o meu ser. E porque assim sou vosso(a), ó incomparável Mãe, guardai-me e defendei-me como filho(a) e propriedade vossa. Amém.

Pai-Nosso, Ave-Maria, Glória-ao-Pai...

15

Entrada triunfal de Jesus em Jerusalém

Em nome do Pai, do Filho e do Espírito Santo. Amém.

As multidões na frente e atrás dele clamavam: "Hosana ao Filho de Davi! Bendito o que vem em nome do Senhor! Hosana no mais alto dos céus!". Quando Jesus entrou em Jerusalém, a cidade inteira ficou alvoroçada, e diziam: "Quem é este?". E as multidões respondiam: "Este é o profeta Jesus, de Nazaré da Galileia" (Mt 21,9-11).

Jesus não anunciou seu triunfo como fazem os políticos e as vedetes deste mundo. Quis conservar o caráter de pequenez e de humildade. O povo, porém, na sua alegria, se pôs a louvar a Deus com voz forte, por todos os milagres que eles haviam visto e experimentado.

Reflexão

Maria certamente soube da entrada triunfal de Jesus em Jerusalém. O seu coração de Mãe exultou de alegria ao ver seu Filho aclamado e louvado pelas multidões. Porém, ela o seguia na fé e no amor e com a esperança na realização da Promessa de Salvação que era a missão do enviado do Pai. A alegria de Maria não é triunfalista, ela conhece a fragilidade do ser humano, que hoje aclama, mas amanhã condena. Contudo, sua esperança se apoia na rocha sólida que é Deus. Sua esperança diz que o povo sempre se lembrará "daquele que passou fazendo o bem a todos".

Oração

Cantai ao Senhor um cântico novo, pois ele fez maravilhas.
Deu-lhe vitória sua mão direita e seu braço santo.
O Senhor manifestou sua salvação,
aos olhos dos povos revelou sua justiça.
Lembrou-se do seu amor e da sua fidelidade à casa de Israel.
Todos os confins da terra puderam ver
a salvação do nosso Deus.
Aclamai ao Senhor, terra inteira, gritai
e exultai cantando hinos.
Cantai ao Senhor com a harpa,
com a harpa e com o som dos instrumentos;
com a trombeta e ao som da corneta
exultai diante do rei, o Senhor.
Ressoe o mar e o que ele encerra, o mundo e seus habitantes.
Os rios batam palmas, juntas exultem as montanhas
diante do Senhor pois ele vem, pois ele vem julgar a terra.
Julgará o mundo com justiça e os povos com retidão.
(Sl 98)

Consagração a Nossa Senhora

Ó Senhora minha, ó minha Mãe, eu me ofereço todo(a) a vós e, em prova da minha devoção para convosco, vos consagro neste dia os meus olhos, os meus ouvidos, a minha boca, o meu coração e inteiramente todo o meu ser. E porque assim sou vosso(a), ó incomparável Mãe, guardai-me e defendei-me como filho(a) e propriedade vossa. Amém.

Pai-Nosso, Ave-Maria, Glória-ao-Pai...

16

Jesus é reconhecido pelos seus discípulos e pelo povo como Filho de Deus

Em nome do Pai, do Filho e do Espírito Santo. Amém.

"E vós, retomou Jesus, quem dizeis que eu sou?". Simão Pedro respondeu: "Tu és o Cristo, o Filho do Deus vivo". Jesus então declarou: "Feliz és tu, Simão, filho de Jonas, porque não foi carne e sangue quem te revelou isso, mas o meu Pai que está no céu" (Mt 15,16-17). *Os que estavam no barco ajoelharam-se diante dele, dizendo: "Verdadeiramente, tu és o Filho de Deus!"* (Mt 14,33). *"Eu vi, e por isso dou testemunho: ele é o Filho de Deus!"* (Jo 1,34). *Natanael exclamou: "Rabi, tu és o Filho de Deus, tu és o Rei de Israel!"* (Jo 1,49). *"Quando se completou o tempo previsto, Deus enviou seu Filho, nascido de mulher [...]"* (Gl 4,4).

Reflexão

Maria sabia desde a anunciação do anjo que o menino que nasceria dela era o "Filho do Altíssimo!". Que alegria ver outros acreditarem que Jesus era o "Filho de Deus encarnado!". Sua esperança na Salvação que viria por meio dele se fortalecia e ela continuava a meditar e guardar todas estas coisas em seu coração. Aos pés da cruz, ela ouviu a declaração solene: *O centurião e os que com ele montavam a guarda [...], disseram: "Este era verdadeiramente o Filho de Deus!"* (Mt 27,54). Noutra ocasião o próprio Jesus confirmou, quando *todos lhe perguntaram: "Tu és, portanto, o Filho de Deus?" Jesus respondeu: "Vós mesmos estais dizendo que eu sou!"* (Lc 22,70).

Oração

No princípio era a Palavra, e a Palavra estava junto de Deus, e a Palavra era Deus. Ela existia, no princípio, junto de Deus. Tudo foi feito por meio dela, e sem ela nada foi feito de tudo o que existe. Nela estava a vida, e a vida era a luz dos homens. E a luz brilha nas trevas, e as trevas não conseguiram dominá-la. [...] Esta era a luz verdadeira, que vindo ao mundo a todos ilumina. Ela estava no mundo, e o mundo foi feito por meio dela, mas o mundo não a reconheceu. Ela veio para o que era seu, mas os seus não a acolheram. [...] E a Palavra se fez carne e veio morar entre nós. Nós vimos a sua glória, glória que recebe do seu Pai como filho único, cheio de graça e de verdade.

(Jo 1,1-14)

Consagração a Nossa Senhora

Ó Senhora minha, ó minha Mãe, eu me ofereço todo(a) a vós e, em prova da minha devoção para convosco, vos consagro neste dia os meus olhos, os meus ouvidos, a minha boca, o meu coração e inteiramente todo o meu ser. E porque assim sou vosso(a), ó incomparável Mãe, guardai-me e defendei-me como filho(a) e propriedade vossa. Amém.

Pai-Nosso, Ave-Maria, Glória-ao-Pai...

As dores

de Maria

17

Profecia de Simeão a respeito da Paixão de Jesus

Em nome do Pai, do Filho e do Espírito Santo. Amém.

E quando se completaram os dias da purificação, levaram o menino a Jerusalém para apresentá-lo ao Senhor. [...] Ora, em Jerusalém vivia um homem piedoso e justo, chamado Simeão, que esperava a consolação de Israel. [...] Movido pelo Espírito, foi ao Templo. Quando os pais levaram o menino... Simeão tomou-o nos braços e louvou a Deus, dizendo: "Senhor, agora teu servo pode ir em paz, porque meus olhos viram a tua salvação, que preparaste diante de todos os povos". Em seguida, Simeão os abençoou e disse a Maria, a mãe: "Este Menino será causa de queda e de reerguimento para muitos em Israel. Ele será um sinal de contradição – e a ti, uma espada traspassará tua alma – e assim serão revelados os pensamentos de muitos corações" (Lc 2,22-35).

Reflexão

Maria, que ainda celebrava em seu coração as alegrias do nascimento de seu Filho, sentiu uma tristeza imensa invadir-lhe a alma. E essa dor a acompanhou por toda a vida de Jesus e a preparou para o sacrifício supremo de entregar também ela, como o Pai, o seu Filho para a Salvação da humanidade. Semelhante dor acontece também hoje para muitos pais e mães. Alguns se desesperam, amaldiçoam a Deus e perdem a fé. Outros, pais heroicos, como Maria Santíssima, confiam na sabedoria e no amor de Deus que é Pai e quer sempre o melhor para seus filhos, mesmo que seja difícil compreendê-lo.

Oração

Bendito seja o Senhor, Deus de Israel, porque visitou e libertou o seu povo.

Ele fez surgir para nós um poderoso salvador na casa de Davi, seu servo, assim como tinha prometido desde os tempos antigos, pela boca dos seus santos profetas: de salvar-nos dos nossos inimigos e da mão de quantos nos odeiam.

Ele foi misericordioso com nossos pais: recordou-se de sua santa aliança, e do juramento que fez a nosso pai Abraão, de nos conceder que, sem medo e livre dos inimigos, nós o sirvamos, com santidade e justiça, em sua presença, todos os dias de nossa vida.

E tu, menino, serás chamado profeta do Altíssimo, porque irás à frente do Senhor, preparando os seus caminhos, dando a conhecer a seu povo a salvação, com o perdão dos pecados, graças ao coração misericordioso de nosso Deus, que envia o sol nascente do alto para nos visitar, para iluminar os que estão nas trevas e na sombra da morte, e dirigir nossos passos no caminho da paz

(Lc 1,68-79).

Consagração a Nossa Senhora

Ó Senhora minha, ó minha Mãe, eu me ofereço todo(a) a vós e, em prova da minha devoção para convosco, vos consagro neste dia os meus olhos, os meus ouvidos, a minha boca, o meu coração e inteiramente todo o meu ser. E porque assim sou vosso(a), ó incomparável Mãe, guardai-me e defendei-me como filho(a) e propriedade vossa. Amém.

Pai-Nosso, Ave-Maria, Glória-ao-Pai...

18

A fuga para o Egito

Em nome do Pai, do Filho e do Espírito Santo. Amém.

Depois que os magos se retiraram, o anjo do Senhor apareceu em sonho a José e lhe disse: "Levanta-te, toma o menino e sua mãe e foge para o Egito! Fica lá até que eu te avise, porque Herodes vai procurar o menino para matá-lo. José levantou-se, de noite, com o menino e a mãe, e retirou-se para o Egito" (Mt 2,13-14). Herodes, furioso, decretou que em Belém e arredores fossem mortos todos os meninos de até dois anos. Houve choro e lamento de inúmeras mães que perderam seus filhos. Era a matança dos inocentes!

Mais tarde, quando Herodes morreu, o anjo, em nome de Deus, avisa a José: *Levanta-te, toma o menino e sua mãe, e volta para a terra de Israel; pois já morreram aqueles que queriam matar o menino,* (Mt 2,20). José, obediente à voz do Senhor, voltou e foi morar com o menino e sua mãe numa cidade da Galileia, chamada Nazaré, longe da Judeia onde estavam os descendentes de Herodes. Por isso, conforme a profecia, Jesus foi chamado "Nazareno".

Reflexão

Depois de ter superado a angústia de aceitar Maria, grávida de Jesus, José novamente é chamado para uma participação ativa no mistério do Filho de Deus. É chamado a protegê-lo contra a prepotência e ambição de um monarca que sentia seu poder ameaçado pelo anúncio da existência de outro rei. Diante de toda esta situação podemos imaginar o sofrimento de Maria, a mãe, que devia emigrar para um país estrangeiro, aventurar-se num mundo desconhecido, de religião e costumes diferentes. A Sagrada Família é um exemplo vivo para muitas famílias que deixam a própria terra e vão para lugares desconhecidos, com o objetivo de dar melhores condições de vida para seus filhos. De um lado, é necessário muita coragem e determinação, de outro lado, deve haver muito acolhimento e oportunidades para que possam viver como irmãos e filhos do mesmo Pai.

Oração

Eu te dou graças, Senhor, de todo o coração: pois ouviste as palavras da minha boca. Vou cantar para ti diante dos anjos, e prostrar-me diante do teu santo Templo. Celebro teu nome pela tua bondade e pela tua fidelidade: pois tua promessa supera toda fama. Quando te invoquei, me respondeste, aumentaste em mim a força. [...] Excelso é o Senhor e olha para o humilde, mas conhece o soberbo de longe. Se ando no meio da angústia, tu me conservas a vida; contra a ira dos meus inimigos estendes a mão e tua mão direita me salva. O Senhor completará para mim a sua obra. Senhor, tua bondade dura para sempre: não abandones a obra de tuas mãos.

(Sl 138)

Consagração a Nossa Senhora

Ó Senhora minha, ó minha Mãe, eu me ofereço todo(a) a vós e, em prova da minha devoção para convosco, vos consagro neste dia os meus olhos, os meus ouvidos, a minha boca, o meu coração e inteiramente todo o meu ser. E porque assim sou vosso(a), ó incomparável Mãe, guardai-me e defendei-me como filho(a) e propriedade vossa. Amém.

Pai-Nosso, Ave-Maria, Glória-ao-Pai...

19

Perda do Menino Jesus no Templo

Em nome do Pai, do Filho e do Espírito Santo. Amém.

Todos os anos, os pais de Jesus iam a Jerusalém para a festa da Páscoa. Quando completou doze anos, eles foram para a festa, como de costume. Terminados os dias da festa, enquanto eles voltavam, Jesus ficou em Jerusalém, sem que seus pais percebessem.

Depois de um dia de caminhada, José e Maria começaram a procurar Jesus entre os vários grupos de familiares e amigos e, não o encontrando, voltaram aflitos para Jerusalém. Após três dias de buscas o acharam no Templo falando e discutindo com os mestres que se maravilhavam com sua sabedoria. Maria, então, comovida, lhe falou: *Filho, por que agiste assim conosco? Olha, teu pai e eu estávamos angustiados à tua procura! Ele respondeu: Por que me procuráveis? Não sabíeis que eu devo estar naquilo que é de meu pai?*

José e Maria não compreenderam o sentido de sua resposta. Jesus, porém, obediente, voltou com seus pais para Nazaré. *Sua mãe guardava todas estas coisas no coração* (Lc 2,41-52).

Reflexão

Qualquer mãe pode avaliar a aflição da perda de um filho. Muitas que passaram por esta experiência ficaram desesperadas, perdendo todo o gosto pela vida. É uma dura realidade a existência de inúmeros pais à procura de seus filhos perdidos. Vemos todos os dias fotos de crianças desaparecidas. Que fazer?

A dor de Maria foi imensa! Perder seu filho, o Filho de Deus? Deveria haver uma explicação, uma motivação muito forte para o Menino Jesus separar-se dos pais e deixá-los angustiados. Ele tentou explicar; contudo, os seus pais não compreenderam... Maria, no entanto, guardou aquelas palavras em seu coração juntamente com a dor. Que nunca nos aconteça de perder Jesus em nossa vida, por causa de nossos pecados ou de nossa indiferença às graças e aos apelos divinos.

Oração

Como a corça deseja as águas correntes, assim minha alma anseia por ti, ó Deus. A minha alma tem sede de Deus, do Deus vivo: Quando hei de ir ver a face de Deus? As lágrimas são meu pão dia e noite, enquanto me repetem o dia inteiro: Onde está o teu Deus? Por que estás triste, minha alma? Por que gemes dentro de mim? Espera em Deus, ainda poderei louvá-lo, a ele, que é a salvação do meu rosto e meu Deus. De dia o Senhor me dá sua graça, de noite elevo a ele meu canto, minha prece ao Deus da minha vida.

(Sl 42,1-4.6.9)

Consagração a Nossa Senhora

Ó Senhora minha, ó minha Mãe, eu me ofereço todo(a) a vós e, em prova da minha devoção para convosco, vos consagro neste dia os meus olhos, os meus ouvidos, a minha boca, o meu coração e inteiramente todo o meu ser. E porque assim sou vosso(a), ó incomparável Mãe, guardai-me e defendei-me como filho(a) e propriedade vossa. Amém.

Pai-Nosso, Ave-Maria, Glória-ao-Pai...

20

Encontro com Jesus carregando a cruz a caminho do Calvário

Em nome do Pai, do Filho e do Espírito Santo. Amém.

Seguia-o uma grande multidão de povo, bem como de mulheres que batiam no peito e choravam por ele (Lc 23,27).

Certamente Nossa Senhora estava entre essas mulheres. A Mãe encontra o Filho com a cruz às costas, coberto de sangue, suor e poeira. O Filho vê a Mãe aflita, em prantos e humilhada. Seus olhares e seus corações se cruzam num misto de dor, compaixão e entrega à vontade do Pai. Estão unidos no mesmo sacrifício em prol da humanidade. A espada de dor predita por Simeão no Templo, que mais uma vez traspassava o coração de Maria Santíssima, que, apesar de ciente de sua missão de corredentora, era também Mãe desta vítima que se oferecia para a libertação de seus irmãos.

Reflexão

Todas as mães sentem como suas as dores dos filhos. A mulher cananeia, quando pediu a Jesus que curasse sua filha, disse: *Senhor, Filho de Davi, tem compaixão de mim: minha filha é cruelmente atormentada por um demônio!* (Mt 15,22). Maria, por meio dos apóstolos, ficou sabendo da prisão de Jesus. Com Jeremias podemos repetir: *Banhada em lágrimas de dor, chora a noite toda. De todos os antigos amantes, nenhum a consola* (Lm 1,2). Em seguida, soube que Pilatos havia condenado Jesus à morte de cruz e que já o estavam levando para o Calvário, carregando ele mesmo a cruz nos ombros. Maria, ao ver o Filho caminhar para o Calvário, queria abraçá-lo, mas os soldados a repeliram. Ela, porém, continuou seguindo a Jesus.

Como carrego a minha cruz? Peço a Deus que me ajude, mas sou forte e corajoso(a) como Maria?

Oração

Multidões que passais pelo caminho,
dai atenção e vede:
Será que existe alguma dor
igual à minha dor?
Um laço armou para os meus pés
e puxou-me para trás.
Minha tristeza ficará para sempre,
deixou-me arrasada.
Quantas lágrimas chorei por causa disso!
Meus olhos se derretem,
longe está de mim qualquer consolo,
alguém que me dê ânimo,
meus filhos foram todos eliminados.
(Lm 1,12-13.16)

Consagração a Nossa Senhora

Ó Senhora minha, ó minha Mãe, eu me ofereço todo(a) a vós e, em prova da minha devoção para convosco, vos consagro neste dia os meus olhos, os meus ouvidos, a minha boca, o meu coração e inteiramente todo o meu ser. E porque assim sou vosso(a), ó incomparável Mãe, guardai-me e defendei-me como filho(a) e propriedade vossa. Amém.

Pai-Nosso, Ave-Maria, Glória-ao-Pai...

21

Agonia e morte de Jesus na cruz

Em nome do Pai, do Filho e do Espírito Santo. Amém.

Junto à cruz de Jesus, estavam de pé sua mãe e a irmã de sua mãe, Maria de Cléofas, e Maria Madalena (Jo 19,25). Desde o meio-dia, uma escuridão cobriu toda a terra até as três horas da tarde. Pelas três horas da tarde, Jesus deu um forte grito: "Meu Deus, meu Deus, por que me abandonaste?" [...] e entregou o espírito (Mt 27,45-46.50).

Maria está de pé, junto à cruz de seu Filho, e o vê em chagas, prostrado, trespassado pelos cravos e agonizante. É o Filho de Deus que se oferece pela nossa Salvação, este Filho que Maria concebeu em seu seio e deu à luz em Belém. Maria está unida tão intimamente ao sofrimento redentor de seu Filho, que é considerada por toda a Igreja como Corredentora da humanidade.

Reflexão

Associada à Paixão de Jesus, Maria cooperou para a Salvação de cada um de nós.

Diante de Maria, Mãe das Dores, aos pés da cruz de seu Filho, quais são os nossos sentimentos? O primeiro é de consolo, mas também de pedido de perdão. É uma Mãe amorosíssima que chora a morte de seu Filho único, vítima de nossos pecados. Ele morreu para que fôssemos salvos. Em seguida, agradecimento pela entrega total que ela fez por nosso amor. Nós sabemos do que as mães são capazes pelo bem dos próprios filhos! E Maria, como Mãe universal, demonstrou isso em altíssimo grau.

Oração

Ó Deus, tem piedade de mim,
conforme a tua misericórdia;
no teu grande amor cancela o meu pecado.
Lava-me de toda a minha culpa,
e purifica-me de meu pecado.
Purifica-me com o hissopo e ficarei puro;
lava-me e ficarei mais branco que a neve.
Faze-me ouvir alegria e júbilo,
exultem os ossos que tu quebraste.
Cria em mim, ó Deus, um coração puro,
renova em mim um espírito resoluto.
Não me rejeites da tua presença
e não me prives do teu santo espírito.
Devolve-me a alegria de ser salvo,
que me sustente um ânimo generoso.
(Sl 51,1-4.9-10.12-14)

Consagração a Nossa Senhora

Ó Senhora minha, ó minha Mãe, eu me ofereço todo(a) a vós e, em prova da minha devoção para convosco, vos consagro neste dia os meus olhos, os meus ouvidos, a minha boca, o meu coração e inteiramente todo o meu ser. E porque assim sou vosso(a), ó incomparável Mãe, guardai-me e defendei-me como filho(a) e propriedade vossa. Amém.

Pai-Nosso, Ave-Maria, Glória-ao-Pai...

22

Jesus tirado da cruz é colocado nos braços de Maria

Em nome do Pai, do Filho e do Espírito Santo. Amém.

Sabendo Jesus que tudo estava consumado, e para que se cumprisse a Escritura até o fim, disse: "Tenho sede!". Havia ali uma jarra cheia de vinagre. Amarraram num ramo de hissopo uma esponja embebida de vinagre e a levaram à sua boca. Ele tomou o vinagre e disse: "Está consumado". E, inclinando a cabeça, entregou o espírito (Jo 19,28-30).

Maria recebe em seus braços o Filho, Cristo morto, inerte. As muitas imagens da *Pietá* retratam esta cena. Podemos imaginar a cena, mas os sentimentos e as dores que Maria sofreu são inimagináveis. A Mãe mais santa da terra contempla e tem em seu colo o corpo desfalecido de seu Filho, que também é Filho de Deus, ao qual ela concebeu e fez crescer, a convite do Pai que lhe confiara uma altíssima missão. A dor de Maria é imensa, porém, sua fé e amor são ainda maiores.

Reflexão

Maria olha para o seu Filho e tira-lhe a coroa de espinhos, como para aliviar seus sofrimentos. Olha para seu coração aberto, traspassado pela lança do soldado. Nele ela vê todos os seus filhos pelo quais Jesus deu a vida. Ela sente compaixão de todos nós. Como Maria, saibamos abraçar as dores de nossos irmãos, procurando aliviá-las, sem mágoas ou ressentimentos, pois muitas vezes nós colaboramos para o sofrimento de nosso próximo, por causa da nossa ambição e egoísmo. Tenhamos nós também o coração cheio de piedade e compaixão pelas dores da humanidade, especialmente dos pobres, oprimidos e marginalizados em consequência de uma sociedade capitalista e corrupta.

Oração

Eis o meu servo...

Era o mais desprezado e abandonado de todos,
homem de sofrimento, experimentado na dor,
indivíduo de quem a gente desvia o olhar,
repelente, dele nem tomamos conhecimento.
Eram na verdade os nossos sofrimentos que ele carregava,
eram as nossas dores que levava às costas.
E a gente achava que ele era um castigado,
alguém por Deus ferido e massacrado.
Mas estava sendo traspassado por causa de nossas rebeldias,
estava sendo esmagado por nossos pecados.
O castigo que teríamos de pagar caiu sobre ele,
com os seus ferimentos veio a cura para nós.
(Is 53,4-5)

Consagração a Nossa Senhora

Ó Senhora minha, ó minha Mãe, eu me ofereço todo(a) a vós e, em prova da minha devoção para convosco, vos consagro neste dia os meus olhos, os meus ouvidos, a minha boca, o meu coração e inteiramente todo o meu ser. E porque assim sou vosso(a), ó incomparável Mãe, guardai-me e defendei-me como filho(a) e propriedade vossa. Amém.

Pai-Nosso, Ave-Maria, Glória-ao-Pai...

23

Jesus é colocado no sepulcro

Em nome do Pai, do Filho e do Espírito Santo. Amém.

José de Arimateia foi ter com Pilatos e pediu o corpo de Jesus. Desceu o corpo da cruz, enrolou-o num lençol e colocou-o num túmulo escavado na rocha, onde ninguém ainda tinha sido sepultado. Era dia de preparação, e o sábado estava para começar. As mulheres que com Jesus vieram da Galileia acompanharam José e observaram o túmulo e o modo como o corpo ali era colocado (Lc 23,52-55).

Maria certamente estava entre as mulheres, e dolorosa acompanhou o Filho até a sepultura. Era a sétima espada de dor que lhe feria o coração. Despede-se de seu Filho querido, observa o cuidado dos discípulos em dar-lhe um túmulo novo e em prestar-lhe as últimas homenagens. Maria sofria, mas sua fé via Jesus além do túmulo.

Reflexão

Sabemos quanto é triste para uma mãe ver um filho morto e mais ainda acompanhá-lo à sepultura. Jesus mostrou sua compaixão por aquela mãe, a viúva de Naim, que acompanhava o enterro de seu único filho. Tal foi sua compaixão, que realizou o milagre. Vejamos no Evangelho: *Ao vê-la, o Senhor encheu-se de compaixão por ela e disse: "Não chores!". Aproximando-se, tocou no caixão, e os que o carregavam pararam. Ele ordenou: "Jovem, eu te digo, levanta-te!". O que estava morto sentou-se e começou a falar. E Jesus o entregou à sua mãe* (Lc 7,13-15). Saber consolar os que perdem um ente querido é demonstração de grande sabedoria e grande caridade. E o melhor consolo é a presença, a companhia, muitas vezes silenciosa, e acima de tudo a oração, que será de grande consolo para os familiares e de benefício espiritual para o falecido.

Oração

Senhor Jesus Cristo, Rei da eterna glória, pela intercessão de Maria e dos santos acolhei no vosso Reino os que morreram.

São Miguel, conduzi-os todos à luz santa, prometida a Abraão e à sua posteridade.

Senhor, ofereço-vos sacrifícios e preces de louvor. Aceitai-os pelos que adormeceram e acolhei-os todos na luz e glória eterna. Aumentai minha fé e dai-me sentimentos de solidariedade para com esses meus irmãos falecidos.

Dai-lhes, Senhor, o descanso eterno! E a luz perpétua os alumie! Descansem em paz. Amém.

Consagração a Nossa Senhora

Ó Senhora minha, ó minha Mãe, eu me ofereço todo(a) a vós e, em prova da minha devoção para convosco, vos consagro neste dia os meus olhos, os meus ouvidos, a minha boca, o meu coração e inteiramente todo o meu ser. E porque assim sou vosso(a), ó incomparável Mãe, guardai-me e defendei-me como filho(a) e propriedade vossa. Amém.

Pai-Nosso, Ave-Maria, Glória-ao-Pai...

As glórias

de Maria

24

Ser acolhida na comunidade de Jesus, entre seus discípulos

Em nome do Pai, do Filho e do Espírito Santo. Amém.

Jesus, ao ver sua mãe e, ao lado dela, o discípulo que ele amava, disse à mãe: "Mulher, eis o teu filho!". Depois disse ao discípulo: "Eis a tua mãe!". A partir daquela hora, o discípulo a acolheu no que era seu (Jo 19,26-27).

Maria é acolhida com muito carinho na comunidade que seu Filho formara. A Mãe de Jesus recebe nesta hora a missão de uma nova maternidade. E para realizá-la ela quer contar com todos os discípulos e discípulas de seu Filho que veem nela não só uma mãe, mas uma mestra e educadora da fé.

Reflexão

Como serva do Senhor, Mãe e Discípula de Cristo, Mãe da Igreja, Maria nunca se distanciou da comunidade. Participava dos momentos de oração e partilha e dos ensinamentos deixados por Jesus. Ainda hoje Maria continua presente em cada comunidade, em cada família e em cada grupo que se reúne em nome de Jesus. Será que sentimos, em nossas reuniões de família, de oração, nos círculos bíblicos, nas experiências pastorais e missionárias a presença de Maria que, como discípula, nos acompanha, como Mestra nos orienta e como mãe nos protege e nos dá segurança?

Oração

Ó Maria, Mãe de Jesus e minha Mãe, contemplo-vos aos pés da cruz de vosso Filho. Enquanto agonizava, ele vos confiou a Igreja. Então o vosso coração abrasou-se e abriu-se para acolhê--la: acalentastes a Igreja nascente e a amparastes com a oração e com a palavra; e a fortalecestes com vossa vida exemplar.

Como Mãe carinhosa, do céu velais sobre todo o povo de Deus e seus pastores. Por vós, a fé se conserva no mundo, muitos se santificam e as forças do mal são vencidas.

Ó Mãe da Igreja, tão grande e tão humilde, aumentai em nós a bondade de coração, a doçura e a fortaleza. Assim seja.

Consagração a Nossa Senhora

Ó Senhora minha, ó minha Mãe, eu me ofereço todo(a) a vós e, em prova da minha devoção para convosco, vos consagro neste dia os meus olhos, os meus ouvidos, a minha boca, o meu coração e inteiramente todo o meu ser. E porque assim sou vosso(a), ó incomparável Mãe, guardai-me e defendei-me como filho(a) e propriedade vossa. Amém.

Pai-Nosso, Ave-Maria, Glória-ao-Pai...

25

Receber o Espírito Santo juntamente com os apóstolos e os seguidores de Jesus

Em nome do Pai, do Filho e do Espírito Santo. Amém.

Todos eles perseveravam na oração em comum, junto com algumas mulheres, entre elas, Maria, mãe de Jesus [...] Quando chegou o dia de Pentecostes [...]. De repente, veio do céu um ruído como de um vento forte, que encheu toda a casa em que se encontravam. Então apareceram línguas como de fogo que se repartiram e pousaram sobre cada um deles. Todos ficaram cheios do Espírito Santo (At 1,14; 2,1-4).

Reflexão

Com a descida do Espírito Santo, a Igreja nascia e se fortalecia. Pentecostes é um marco histórico na vida da Igreja, que continua ainda hoje no Cenáculo invocando os dons do Espírito Santo, sempre unida a Maria, a Mãe de Jesus. O Espírito Santo sempre esteve presente na vida de Maria, mas em dois momentos essa presença foi marcante: na Anunciação, quando ela concebeu Jesus em seu seio virginal, e no dia de Pentecostes, quando a Igreja nascia para a missão de evangelizar. Que lugar o Espírito Santo ocupa em minha vida?

Oração

Ó Maria, nos dias em que permanecestes no Cenáculo como mestra, conforto e Mãe dos Apóstolos, invocastes e recebestes a plenitude do Espírito Santo, o amor do Pai e do Filho.

Maria, pelas vossas humildes orações que sempre comovem o coração de Deus, alcançai-me a graça de compreender o valor da pessoa humana, que Jesus salvou à custa de seu sangue, na cruz. Que possamos viver intensamente o dom de ser chamados a ser filhos de Deus; a participar da missão de Jesus como discípulos e missionários. Sejamos sensíveis aos apelos dos irmãos que sofrem, das crianças, dos jovens, dos adultos e dos idosos. O espírito missionário nos anime e as necessidades de todos os povos nos sensibilizem profundamente.

Escutai a nossa prece, Mãe da Igreja e Rainha dos Apóstolos! Amém.

Consagração a Nossa Senhora

Ó Senhora minha, ó minha Mãe, eu me ofereço todo(a) a vós e, em prova da minha devoção para convosco, vos consagro neste dia os meus olhos, os meus ouvidos, a minha boca, o meu coração e inteiramente todo o meu ser. E porque assim sou vosso(a), ó incomparável Mãe, guardai-me e defendei-me como filho(a) e propriedade vossa. Amém.

Pai-Nosso, Ave-Maria, Glória-ao-Pai...

26

Ver a Igreja nascente fiel a Jesus

Em nome do Pai, do Filho e do Espírito Santo. Amém.

Eles eram perseverantes em ouvir o ensinamento dos apóstolos, na comunhão fraterna, na fração do pão e nas orações. [...] viviam unidos e possuíam tudo em comum; vendiam suas propriedades e seus bens e repartiam o dinheiro entre todos, conforme a necessidade de cada um (At 2,42-45).

Depois do dia de Pentecostes, a palavra "discípulos" começa a ser usada para designar aqueles que se comprometiam a seguir Jesus e seus ensinamentos.

Reflexão

Maria foi o modelo da verdadeira discípula de Jesus. Ela percorreu, com amor e fidelidade, o caminho do seguimento do Mestre, sempre dócil aos apelos do Espírito Santo e atenta à Palavra do Pai. Quem se propõe a seguir Jesus e se norteia pelos ensinamentos do Evangelho deve estar disposto a acompanhar o Mestre nas horas de alegria, de exaltação, de transfiguração, mas também nas horas de sofrimentos e de morte. O verdadeiro discípulo de Jesus deixa-se orientar pela Palavra e envolve-se na comunidade, onde partilha sua fé e aprende a servir. Sou eu também um autêntico discípulo de Jesus?

Oração

Ó Mãe, que conheces os sofrimentos e as esperanças da Igreja e do mundo, assiste os teus filhos nas provas quotidianas que a vida reserva a cada um e faz com que, graças ao esforço de todos, as trevas não prevaleçam sobre a luz.

A ti, aurora da Salvação, entregamos o nosso caminho neste mundo, para que, sob a tua guia, todas as pessoas descubram Cristo, luz do mundo e único Salvador, que reina com o Pai e o Espírito Santo, pelos séculos dos séculos. Amém.

(João Paulo II)

Consagração a Nossa Senhora

Ó Senhora minha, ó minha Mãe, eu me ofereço todo(a) a vós e, em prova da minha devoção para convosco, vos consagro neste dia os meus olhos, os meus ouvidos, a minha boca, o meu coração e inteiramente todo o meu ser. E porque assim sou vosso(a), ó incomparável Mãe, guardai-me e defendei-me como filho(a) e propriedade vossa. Amém.

Pai-Nosso, Ave-Maria, Glória-ao-Pai...

27

Assunção ao céu de corpo e alma

Em nome do Pai, do Filho e do Espírito Santo. Amém.

Levanta-te, Senhor, para o lugar do teu repouso, tu e a arca de teu poder (Sl 132, 8). A arca era o lugar da presença divina e tornou-se imagem de Maria. A primeira arca guardou as tábuas da lei, símbolo da presença de Deus. Maria abrigou a nova lei, o Filho de Deus, e foi glorificada sem conhecer a corrupção. *A Mulher foi levada para um lugar preparado por Deus* (cf. Ap 12,6). Por que era a Mãe de Deus, a Imaculada Conceição.

Reflexão

Maria está unida a seu Filho como Mãe e participante de sua vida e sofrimentos; igualmente, e de maneira singular, ela participa de sua glória, sendo elevada integralmente à glória de Deus. *O Senhor olhou para a humildade de sua serva e realizou para ela coisas grandiosas* (cf. Lc 1,48-49). O caminho do céu e da glória eterna é este: a humildade do servo que sempre faz a vontade de seu Senhor. É ser fiel discípulo e ardoroso missionário de Jesus. Só assim, um dia seremos participantes de sua glória.

Oração

O Senhor é o meu pastor, nada me falta.
Ele me faz descansar em verdes prados,
a águas tranquilas me conduz.
Restaura minhas forças,
guia-me pelo caminho certo,
por amor do seu nome.
Se eu tiver de andar por vale escuro,
não temerei mal nenhum, pois comigo estás.
O teu bastão e teu cajado
me dão segurança.
Diante de mim preparas uma mesa
aos olhos de meus inimigos;
unges com óleo minha cabeça,
meu cálice transborda.
Felicidade e graça vão me acompanhar
todos os dias de minha vida,
e vou morar na casa do Senhor
por muitíssimos anos.
(Sl 23)

Consagração a Nossa Senhora

Ó Senhora minha, ó minha Mãe, eu me ofereço todo(a) a vós e, em prova da minha devoção para convosco, vos consagro neste dia os meus olhos, os meus ouvidos, a minha boca, o meu coração e inteiramente todo o meu ser. E porque assim sou vosso(a), ó incomparável Mãe, guardai-me e defendei-me como filho(a) e propriedade vossa. Amém.

Pai-Nosso, Ave-Maria, Glória-ao-Pai...

28

Coroada como Rainha do céu e da terra

Em nome do Pai, do Filho e do Espírito Santo. Amém.

Então apareceu no céu um grande sinal: uma mulher vestida com o sol, tendo a lua debaixo dos pés e, sobre a cabeça, uma coroa de doze estrelas (Ap 12,1). Maria foi exaltada por Deus como Rainha do universo. A realeza de Maria procede da realeza do Filho de Deus, o príncipe da paz e da alegria. O anjo fala na Anunciação: [...] *darás à luz um filho. Ele será grande; será chamado Filho do Altíssimo, e o Senhor Deus lhe dará o trono de Davi, seu pai. Ele reinará para sempre [...] e o seu reino não terá fim* (Lc 1,31-33).

Reflexão

Maria é uma Rainha maternal e cheia de bondade para com todos os seus filhos, especialmente pelos mais necessitados. Ela compreende a fragilidade de nossa natureza e é compassiva quando falhamos. Socorre os pequeninos, os doentes e os excluídos de uma sociedade prepotente e ambiciosa. Ela é a Rainha da paz e do amor ao próximo. É a Rainha da harmonia entre as pessoas e os povos. Agradeçamos sua maternal proteção e sejamos, nós também, bondosos e misericordiosos.

Oração

Rainha dos anjos,	rogai por nós.
Rainha dos patriarcas,	rogai por nós.
Rainha dos profetas,	rogai por nós.
Rainha dos apóstolos,	rogai por nós.
Rainha dos mártires,	rogai por nós.
Rainha dos confessores,	rogai por nós.
Rainha das virgens,	rogai por nós.
Rainha de todos os santos,	rogai por nós.
Rainha concebida sem pecado original,	rogai por nós.
Rainha assunta ao céu,	rogai por nós.
Rainha do Santíssimo Rosário,	rogai por nós.
Rainha da paz,	rogai por nós.

Consagração a Nossa Senhora

Ó Senhora minha, ó minha Mãe, eu me ofereço todo(a) a vós e, em prova da minha devoção para convosco, vos consagro neste dia os meus olhos, os meus ouvidos, a minha boca, o meu coração e inteiramente todo o meu ser. E porque assim sou vosso(a), ó incomparável Mãe, guardai-me e defendei-me como filho(a) e propriedade vossa. Amém.

Pai-Nosso, Ave-Maria, Glória-ao-Pai...

29

Medianeira de graças entre Deus e as pessoas

Em nome do Pai, do Filho e do Espírito Santo. Amém.

Eles não têm vinho (Jo 2,3). É o apelo de Maria em socorro dos noivos em Caná da Galileia! E seu apelo é ouvido por Jesus, que a pedido da Mãe antecipa a revelação de seu poder, e transforma a água em vinho, para a alegria de todos os que estavam na festa. Como mãe atenciosa e bondosa, ela é sempre a primeira que percebe as necessidades de seus filhos. A mediação de Maria é especial, tendo em vista seu lugar privilegiado no mistério de Cristo e da Igreja. Ela é a Mãe! No céu, com Jesus, único mediador, Maria intercede por seus filhos que ainda peregrinam aqui na terra.

Reflexão

O papel maternal de Maria não diminui em nada a mediação única de Jesus. Funda-se na mediação de Cristo, do qual depende totalmente e ao qual está intimamente ligada, como Mãe. Maria cuida com amor materno dos irmãos e irmãs de seu Filho que ainda caminham entre os perigos e as dificuldades desta terra, até que alcancem a felicidade no céu. Conforme a experiência de séculos, a Igreja recomenda a todos a devoção a Maria para chegarmos a Jesus. Como é meu amor por Nossa Senhora? Acredito que ela pode me ajudar a encontrar Jesus?

Oração

Salve, Rainha, Mãe de misericórdia, vida, doçura e esperança nossa, salve! A vós bradamos, os degredados filhos de Eva, a vós suspiramos, gemendo e chorando neste vale de lágrimas. Eia, pois, Advogada nossa, esses vossos olhos misericordiosos a nós volvei, e depois deste desterro mostrai-nos Jesus, bendito fruto de vosso ventre, ó clemente, ó piedosa, ó doce sempre Virgem Maria!

Rogai por nós, santa Mãe de Deus, para que sejamos dignos das promessas de Cristo. Amém.

Consagração a Nossa Senhora

Ó Senhora minha, ó minha Mãe, eu me ofereço todo(a) a vós e, em prova da minha devoção para convosco, vos consagro neste dia os meus olhos, os meus ouvidos, a minha boca, o meu coração e inteiramente todo o meu ser. E porque assim sou vosso(a), ó incomparável Mãe, guardai-me e defendei-me como filho(a) e propriedade vossa. Amém.

Pai-Nosso, Ave-Maria, Glória-ao-Pai...

30

Venerada e louvada por todas as gerações

Em nome do Pai, do Filho e do Espírito Santo. Amém.

Todas as gerações, de agora em diante, me chamarão feliz, porque o Todo-Poderoso fez para mim coisas grandiosas (Lc 1,48).

E, após tantos séculos de história, o povo e as multidões confirmam esta palavra profética de Maria. Pelo mundo inteiro seu nome é invocado. De um extremo ao outro do universo, é louvada com as mais variadas denominações: Nossa Senhora da Glória, do Carmo, da Penha, de Lourdes, de Fátima, da Conceição Aparecida, do Perpétuo Socorro, da Paz, e por aí vai. A devoção a Maria faz parte da vida do cristão. Toda pessoa fiel (e até não crente), sob algum título, invoca e recorre naturalmente à Mãe de Jesus.

Reflexão

A veneração a Maria Santíssima manifesta o lugar que ela ocupa na Igreja e na vida de cada cristão. Depois de Cristo, ela ocupa o lugar mais alto junto de Deus e também o mais perto de nós, seus filhos. Como não amar e venerar aquela que nos trouxe Jesus, nosso Senhor e Salvador? O culto que prestamos a Maria não é de adoração, pois isto devemos só a Deus, mas de veneração e amor. Veneração pela dignidade de Mãe de Deus a que ela foi elevada, e de amor porque ela nos adotou como filhos e vela sobre nós com maternal cuidado.

Oração

Consagração da família.

Vinde, ó Maria, entrai e habitai nesta casa, que nós vos oferecemos e vos consagramos. Sede bem-vinda: nós vos recebemos de braços abertos e com alegria de filhos. Sabemos que não somos dignos, mas a vossa bondade é maior, e sabemos que não recusareis o convite dos vossos humildes filhos. Nós vos acolhemos com o mesmo carinho com o qual o apóstolo João vos recebeu em sua casa, após a morte de Jesus. Intercedei por nós junto a vosso Filho Jesus! Afugentai de nós o pecado. Sede luz, alegria, santidade, como fostes na Família de Nazaré. Sede, em nossa casa, a Mãe, a Mestra e a Rainha. Aumentai em nós a fé, a esperança e a caridade. Infundi-nos o espírito de oração. Que Jesus Mestre, Caminho, Verdade e Vida reine em nosso lar. E, enfim, que todos os membros de nossa família possam um dia estar convosco no céu. Amém.

(Tiago Alberione)

Consagração a Nossa Senhora

Ó Senhora minha, ó minha Mãe, eu me ofereço todo(a) a vós e, em prova da minha devoção para convosco, vos consagro neste dia os meus olhos, os meus ouvidos, a minha boca, o meu coração e inteiramente todo o meu ser. E porque assim sou vosso(a), ó incomparável Mãe, guardai-me e defendei-me como filho(a) e propriedade vossa. Amém.

Pai-Nosso, Ave-Maria, Glória-ao-Pai...

31

Nossa Senhora Aparecida, Padroeira do Brasil

Em nome do Pai, do Filho e do Espírito Santo. Amém.

Felizes os olhos que veem o que vós estais vendo! Pois eu vos digo: muitos profetas e reis quiseram ver o que vós estais vendo, e não viram; quiseram ouvir o que estais ouvindo, e não ouviram (Lc 10,23-24).

O Reino de Deus, a nova criação, revelou-se em Jesus Cristo, e continua revelando-se aos que acreditam nele. Maria faz parte desta nova criação; nela, a luz do Reino continua a brilhar. Tudo isso podemos sentir e experimentar numa peregrinação à Casa de Maria, em Aparecida. É a ternura e a proteção de Deus que se manifesta pela presença da Mãe de Jesus que nos acolhe a todos como seus filhos queridos.

Reflexão

Tudo começou nas águas de um rio: uma imagem encontrada por pescadores, homens simples, mas de fé profunda. A imagem enegrecida lembra a cor de grande parte da população brasileira. Em Aparecida ela é invocada como Mãe que ama e acolhe seus filhos. No santuário, as pessoas olham para Maria e se unem a ela para ouvir a Palavra de Deus, para pedir perdão pelos pecados, para se alimentar da Eucaristia, estabelecendo uma comunhão íntima com seu Filho. De Aparecida brota o compromisso de ser discípulos e missionários do Evangelho de Jesus.

Oração

Consagração a Senhora Aparecida.

Senhora Aparecida, eu renovo, neste momento, a minha consagração. Eu vos consagro os meus trabalhos, sofrimentos e alegrias; o meu corpo, a minha alma e toda a minha vida. Eu vos consagro a minha família.

Ó Senhora Aparecida, livrai-nos de todo o mal, das doenças e do pecado. Abençoai as nossas famílias, os doentes, as criancinhas. Abençoai a santa Igreja, o Papa e os bispos, os sacerdotes e ministros, religiosos e leigos. Abençoai a nossa paróquia e o nosso pároco.

Senhora Aparecida, lembrai-vos que sois a padroeira poderosa de nossa pátria. Abençoai nosso governo. Abençoai, protegei e salvai o vosso Brasil. Assim seja!

Consagração a Nossa Senhora

Ó Senhora minha, ó minha Mãe, eu me ofereço todo(a) a vós e, em prova da minha devoção para convosco, vos consagro neste dia os meus olhos, os meus ouvidos, a minha boca, o meu coração e inteiramente todo o meu ser. E porque assim sou vosso(a), ó incomparável Mae, guardai-me e defendei-me como filho(a) e propriedade vossa. Amém.

Pai-Nosso, Ave-Maria, Glória-ao-Pai...

Orações marianas

Anjo do Senhor

O Anjo do Senhor anunciou a Maria.
E ela concebeu do Espírito Santo.

Ave, Maria...

Eis aqui a serva do Senhor.
Faça-se em mim segundo a vossa palavra.

Ave, Maria...

E o Verbo se fez carne,
E habitou entre nós.

Ave, Maria...

Rogai por nós, santa Mãe de Deus.
Para que sejamos dignos das promessas de Cristo.

Oremos: Infundi, Senhor, em nossos corações a vossa graça, a fim de que, conhecendo pelo anúncio do anjo a encarnação de Jesus Cristo, vosso Filho, cheguemos, pelos merecimentos de sua Paixão e Morte, à glória da Ressurreição. Pelo mesmo Cristo Senhor nosso. Amém.

Lembrai-vos

(São Bernardo de Claraval, séc. XII)

Lembrai-vos, ó piíssima Virgem Maria, que nunca se ouviu dizer que algum daqueles que têm recorrido à vossa proteção, implorado a vossa assistência e reclamado o vosso socorro, fosse por vós desamparado. Animado, eu, de igual confiança, a vós, Virgem entre todas singular, como a mãe recorro e de vós me valho, e, gemendo sob o peso de meus pecados, me prostro a vossos pés. Não desprezeis as minhas súplicas, ó Mãe do Filho de Deus humanado, mas dignai-vos de as ouvir propícia e de me alcançar o que vos rogo. Amém.

Santo Rosário

Em nome do Pai, do Filho e do Espírito Santo. Amém.

Oferecimento: Senhor Jesus, nós vos oferecemos este terço que vamos rezar, contemplando e meditando os mistérios de nossa redenção. Concedei-nos, por intermédio da Virgem Maria, Mãe de Deus e nossa Mãe, a graça de rezá-lo bem a fim de alcançar as graças que pedimos.

Creio em Deus Pai, Todo-Poderoso, criador do céu e da terra; e em Jesus Cristo, seu único Filho, nosso Senhor, que foi concebido pelo poder do Espírito Santo; nasceu da Virgem Maria, padeceu sob Pôncio Pilatos, foi crucificado, morto e sepultado; desceu à mansão dos mortos; ressuscitou ao terceiro dia; subiu aos céus, está sentado à direita de Deus Pai Todo--Poderoso, donde há de vir a julgar os vivos e os mortos. Creio no Espírito Santo, na santa Igreja Católica, na comunhão dos santos, na remissão dos pecados, na ressurreição da carne, na vida eterna. Amém.

Pai nosso que estais no céu, santificado seja o vosso nome, venha a nós o vosso Reino, seja feita a vossa vontade, assim na terra como no céu; o pão nosso de cada dia nos dai hoje; perdoai-nos as nossas ofensas, assim como nós perdoamos a quem nos tem ofendido; e não nos deixeis cair em tentação, mas livrai-nos do mal. Amém.

Ave, Maria, cheia de graça, o Senhor é convosco; bendita sois vós entre as mulheres e bendito é o fruto do vosso ventre, Jesus. Santa Maria, Mãe de Deus, rogai por nós, pecadores, agora e na hora de nossa morte. Amém.

Glória ao Pai, ao Filho e ao Espírito Santo. Como era no princípio, agora e sempre. Amém.

No final de cada mistério, após o Glória, pode-se rezar uma jaculatória à escolha.

Mistérios do Rosário

Mistérios gozosos (segunda-feira e sábado)

1º Anunciação do Anjo Gabriel a Nossa Senhora (Lc 1,26-38)

2º Visita de Nossa Senhora a sua prima santa Isabel (Lc 1,39-56)

3º Nascimento de Jesus na gruta de Belém (Lc 2,1-19)

4º Apresentação do menino Jesus no Templo (Lc 2,22-40)

5º Encontro de Jesus no Templo entre os doutores (Lc 2,41-50)

Mistérios luminosos (quinta-feira)

1º Batismo de Jesus no rio Jordão (Mc 1,9-11)

2º Primeiro milagre de Jesus nas bodas de Caná (Jo 2,1-11)

3º Anúncio do Reino de Deus e convite à conversão (Mc 1,15)

4º Transfiguração de Jesus (Mt 17,1-13)

5º Jesus institui a Eucaristia (Mc 14,22-25)

Mistérios dolorosos (terça-feira e sexta-feira)

1º Oração e agonia de Jesus no Horto das Oliveiras (Lc 22,39-46)

2º Flagelação de Jesus amarrado a uma coluna (Mc 15,1-15)

3º Coroação de espinhos em Nosso Senhor (Mt 27,29-30)

4º Subida dolorosa de Jesus ao Calvário (Lc 23,26-32)

5º Crucifixão e morte de Jesus na cruz entre dois ladrões (Mc 15,24-27)

Mistérios gloriosos (quarta-feira e domingo)

1º Ressurreição de Nosso Senhor Jesus Cristo (Mt 28,1-15)

2º Ascensão de Jesus Cristo ao céu (Lc 24,50-53)

3º Vinda do Espírito Santo sobre Nossa Senhora e os apóstolos (At 2,1-13)

4º Assunção gloriosa de Nossa Senhora ao céu (Lc 1,48-50)

5º Coroação de Nossa Senhora como Rainha do céu e da terra (Ap 12,1-18)

Agradecimento: Graças vos damos, Senhora nossa, pelos benefícios que todos os dias recebemos de vossas mãos. Dignai-vos agora e para sempre nos colocar sob a vossa maternal e poderosa proteção. Para isto, saudamo-vos com uma Salve-Rainha.

Salve, Rainha, Mãe de misericórdia, vida, doçura, esperança nossa, salve! A vós bradamos, os degredados filhos de Eva. A vós suspiramos, gemendo e chorando neste vale de lágrimas. Eia, pois, Advogada nossa, esses vossos olhos misericordiosos a nós volvei, e depois deste desterro mostrai-nos Jesus, bendito fruto do vosso ventre, ó clemente, ó piedosa, ó doce sempre Virgem Maria!

Rogai por nós, Santa Mãe de Deus,

Para que sejamos dignos das promessas de Cristo. Amém.

Ladainha de Nossa Senhora

Senhor,	tende piedade de nós.
Cristo,	tende piedade de nós.
Senhor,	tende piedade de nós.
Jesus Cristo,	ouvi-nos.
Jesus Cristo,	atendei-nos.
Deus Pai do céu,	tende piedade de nós.
Deus Filho, Redentor do mundo,	tende piedade de nós.
Deus Espírito Santo,	tende piedade de nós.
Santíssima Trindade,	
que sois um só Deus,	tende piedade de nós.
Santa Maria,	rogai por nós.
Santa Mãe de Deus,	rogai por nós.
Santa Virgem das virgens,	rogai por nós.
Mãe de Jesus Cristo,	rogai por nós.
Mãe da Divina Graça,	rogai por nós.
Mãe Puríssima,	rogai por nós.
Mãe Castíssima,	rogai por nós.
Mãe Imaculada,	rogai por nós.
Mãe Intacta,	rogai por nós.
Mãe Amável,	rogai por nós.
Mãe Admirável,	rogai por nós.
Mãe do Bom Conselho,	rogai por nós.
Mãe do Criador,	rogai por nós.
Mãe do Salvador,	rogai por nós.
Mãe da Igreja,	rogai por nós.
Virgem Prudentíssima,	rogai por nós.
Virgem Venerável,	rogai por nós.
Virgem Louvável,	rogai por nós.
Virgem Poderosa,	rogai por nós.

Virgem Benigna,	rogai por nós.
Virgem Fiel,	rogai por nós.
Espelho de Justiça,	rogai por nós.
Sede da Sabedoria,	rogai por nós.
Causa da nossa alegria,	rogai por nós.
Vaso espiritual,	rogai por nós.
Vaso honorífico,	rogai por nós.
Vaso insigne de devoção,	rogai por nós.
Rosa Mística,	rogai por nós.
Torre de Davi,	rogai por nós.
Torre de marfim,	rogai por nós.
Casa de ouro,	rogai por nós.
Arca da aliança,	rogai por nós.
Porta do céu,	rogai por nós.
Estrela da manhã,	rogai por nós.
Saúde dos enfermos,	rogai por nós.
Refúgio dos pecadores,	rogai por nós.
Consoladora dos aflitos,	rogai por nós.
Auxílio dos cristãos,	rogai por nós.
Rainha dos anjos,	rogai por nós.
Rainha dos patriarcas,	rogai por nós.
Rainha dos profetas,	rogai por nós.
Rainha dos apóstolos,	rogai por nós.
Rainha dos mártires,	rogai por nós.
Rainha dos confessores,	rogai por nós.
Rainha das virgens,	rogai por nós.
Rainha de todos os santos,	rogai por nós.
Rainha concebida sem pecado original,	rogai por nós.
Rainha assunta ao céu,	rogai por nós.
Rainha do Santo Rosário,	rogai por nós.
Rainha da paz,	rogai por nós.

Cordeiro de Deus, que tirais o pecado do mundo,

perdoai-nos, Senhor.

Cordeiro de Deus, que tirais o pecado do mundo,

ouvi-nos, Senhor.

Cordeiro de Deus, que tirais o pecado do mundo,

tende piedade de nós.

Rogai por nós, Santa Mãe de Deus,

Para que sejamos dignos das promessas de Cristo.

Oremos: Jesus, nós vos agradecemos porque nos destes Maria como Mãe. Maria, nós vos agradecemos porque destes, à humanidade, Jesus Divino Mestre, Caminho, Verdade e Vida, e porque nos aceitastes como vossos filhos. Cheios de confiança, colocamos em vossas mãos as necessidades, sofrimentos e alegrias de nossa família e do nosso povo. Acolhei-nos e abençoai--nos, ó Mãe e protetora nossa, agora e para sempre. Amém.

Cantos marianos

Com minha Mãe estarei
Tradicional

Com minha Mãe estarei, na santa glória um dia;
ao lado de Maria, no céu triunfarei.
No céu, no céu, com minha Mãe estarei. (Bis)

Com minha Mãe estarei, aos anjos me ajuntando,
do Onipotente ao mando, hosanas lhe darei.

Com minha Mãe estarei, então coroa digna,
de sua mão benigna, feliz receberei.

Com minha Mãe estarei, e sempre neste exílio,
de seu piedoso auxílio, com fé me valerei.

Consagração a Nossa Senhora (D.R.)
Fátima M. Gabrielli

Ó minha Senhora e também minha Mãe,
eu me ofereço inteiramente todo a vós.
E em prova de minha devoção,
eu hoje vos dou meu coração.
Consagro a vós meus olhos, meus ouvidos, minha boca,
tudo o que sou, desejo que a vós pertença.

Incomparável Mãe, guardai-me, defendei-me,
como coisa e propriedade vossa. Amém. (Bis)

Dai-nos a bênção
Tradicional

Dai-nos a bênção, ó Mãe querida!
Nossa Senhora Aparecida! (Bis)

Sob esse manto do azul do céu.
Guardai-nos sempre no amor de Deus.

Eu me consagro ao vosso amor,
ó Mãe querida do Salvador!

Graça demos à Senhora
Pop brasileiro

Graças demos à Senhora que por Deus foi escolhida:
Para ser a Mãe de Cristo, a Senhora Aparecida. (Bis)

Virgem santa, Virgem bela, Mãe amável, Mãe querida:
Amparai-nos, socorrei-nos, ó Senhora Aparecida. (Bis)

Imaculada, Maria do povo
Fr. Fabreti, ofm/ J. Thomaz
CD *Círio de Nazaré* – Paulinas/COMEP

Imaculada, Maria de Deus, coração pobre acolhendo Jesus!
Imaculada, Maria do povo, Mãe dos aflitos que estão junto
à cruz!

Um coração que era sim para a vida,
um coração que era sim para o irmão,

um coração que era sim para Deus,
Reino de Deus renovando este chão!

Olhos abertos pra sede do povo,
passo bem firme que o medo desterra,
mãos estendidas que os tronos renegam,
Reino de Deus que renova esta terra!

Faça-se, ó Pai, vossa plena vontade:
que os nossos passos se tornem memória
do amor fiel que Maria gerou:
Reino de Deus atuando na história!

Maria de Nazaré

Pe. Zezinho
CD *Os grandes sucessos* – Paulinas/COMEP

Maria de Nazaré, Maria me cativou.
Fez mais forte a minha fé e por filho me adotou.
Às vezes eu paro e fico a pensar,
e sem perceber me vejo a rezar,
e meu coração se põe a cantar,
pra virgem de Nazaré.
Menina que Deus amou e escolheu
pra mãe de Jesus, o Filho de Deus.
Maria que o povo inteiro elegeu,
Senhora e mãe do céu.

Ave, Maria, ave, Maria! Ave, Maria, Mãe de Jesus!

Maria que eu quero bem,
Maria do puro amor.
Igual a você ninguém,
mãe pura do meu Senhor.

Em cada mulher que a terra criou,
um traço de Deus Maria deixou,
um sonho de mãe Maria plantou,
pro mundo encontrar a paz.
Maria que fez o Cristo falar,
Maria que fez Jesus caminhar,
Maria que só viveu pro seu Deus,
Maria do povo meu.

Nossa Senhora
Roberto Carlos e Erasmo Carlos

Cubra-me com seu manto de amor
Guarda-me na paz desse olhar
Cura-me as feridas e a dor me faz suportar
Que as pedras do meu caminho
Meus pés suportem pisar
Mesmo ferido de espinhos me ajude a passar
Se ficaram mágoas em mim
Mãe tira do meu coração
E aqueles que eu fiz sofrer peço perdão.
Se eu curvar meu corpo na dor
Me alivia o peso da cruz
Interceda por mim, minha mãe, junto a Jesus.

Nossa Senhora, me dê mão
Cuida do meu coração
Da minha vida, do meu destino
Nossa Senhora, me dê a mão
Cuida do meu coração
Da minha vida, do meu destino
Do meu caminho
Cuida de mim.

Nossa Senhora do caminho (D.R.)
CD *Círio de Nazaré* – Paulinas/COMEP

Pelas estradas da vida, nunca sozinho estás.
Contigo pelo caminho, Santa Maria vai.

Ó vem conosco, vem caminhar,
Santa Maria, vem! (Bis)

Se pelo mundo os homens, sem conhecer-se vão,
não negues nunca a tua mão, a quem te encontrar.

Mesmo que digam os homens: "tu nada podes mudar!",
luta por um mundo novo, de unidade e paz.

Se parecer tua vida, inútil caminhar.
Lembra que abres caminho, outros te seguirão.

Vem, Maria, vem (D.R.)

Vem Maria, vem, vem nos ajudar
Neste caminhar tão difícil rumo ao Pai. (Bis)

Vem, querida mãe, nos ensinar
A ser testemunhas do amor
Que fez do teu corpo sua morada
Que se abriu pra receber o Salvador
Nós queremos, ó Mãe, responder
Ao amor de Cristo salvador
Cheios de ternura colocamos
Confiantes em tuas mãos esta oração.

Sumário

Apresentação..5

As alegrias de Maria

1. Alegria de Maria ao ser consagrada para o serviço de Deus no Templo..8

2. Anunciação do Anjo a Maria.. 10

3. Encontro de Maria com sua prima Isabel............................. 12

4. Alegria por São José ter assumido a paternidade adotiva de Jesus.. 14

5. Nascimento de Jesus.. 16

6. Convivência por 30 anos com o Filho de Deus e seu filho.......... 18

7. Alegria em receber de Jesus, no Calvário, São João como filho... 20

8. Alegria pela ressurreição de Jesus....................................... 22

As esperanças de Maria

9. Jesus é batizado por João Batista, que o apresenta como o Messias enviado.. 26

10. Jesus inicia sua vida pública..28

11. Nas bodas de Caná, o pedido de Maria é atendido 30

12. As bem-aventuranças promulgadas por Jesus 32

13. Ser reconhecida por Jesus como a pessoa que melhor acolhe a Palavra de Deus e a põe em prática. 34

14. Instituição da Eucaristia 36

15. Entrada triunfal de Jesus em Jerusalém......................................38

16. Jesus é reconhecido pelos seus discípulos e pelo povo como Filho de Deus 40

As dores de Maria

17. Profecia de Simeão a respeito da Paixão de Jesus.......................44

18. A fuga para o Egito 46

19. Perda do Menino Jesus no Templo 48

20. Encontro com Jesus carregando a cruz a caminho do Calvário 50

21. Agonia e morte de Jesus na cruz...52

22. Jesus tirado da cruz é colocado nos braços de Maria 54

23. Jesus é colocado no sepulcro...56

As glórias de Maria

24. Ser acolhida na comunidade de Jesus, entre seus discípulos.....60

25. Receber o Espírito Santo juntamente com os apóstolos e os seguidores de Jesus 62

26. Ver a Igreja nascente fiel a Jesus..64

27. Assunção ao céu de corpo e alma...66

28. Coroada como Rainha do céu e da terra 68

29. Medianeira de graças entre Deus e as pessoas 70

30. Venerada e louvada por todas as gerações 72

31. Nossa Senhora Aparecida, Padroeira do Brasil 74

Orações marianas 77

Cantos marianos 85

Rua Dona Inácia Uchoa, 62
04110-020 – São Paulo – SP (Brasil)
Tel.: (11) 2125-3500
paulinas.com.br – editora@paulinas.com.br
Telemarketing e SAC: 0800-7010081